윤성우의
열혈 파이썬
기초편

저자소개

윤성우(ripeness21@gmail.com)

프로그래밍을 공부한다면 모르는 사람이 없을 것 같은 베스트셀러 저자이다. 여전히 쉽게 설명하는 방법에 대해 고민하고 있으며 그 고민 결과를 바탕으로 책을 집필하고 있다. 프로그래머라는 직업에 충실하기 위해 적지 않은 기간 동안 집필 활동이 없었지만 그간 축적된 에너지를 바탕으로 다수의 책을 쓸 계획을 가지고 집필에 임하고 있다.

윤성우의 열혈 파이썬 : 기초편

2018년 11월 20일 1쇄
2021년 7월 16일 3쇄

지은이 | 윤성우
북디자인 | 조수진
발행처 | 오렌지미디어 / 서울시 성동구 아차산로 92 광명타워 1020호

무단 복제 및 무단 전재를 금합니다.
전 화 | 050-5522-2024
팩 스 | 02-6442-2021
등 록 | 2011년 3월 11일 제2011-000015호
I S B N | ISBN 978-89-960940-8-1

정가 16,000원

윤성우의
열혈 파이썬
기초편

윤성우 저

ORANGE MEDIA

머리말과 책 소개

파이썬은 쉬운데 이 책은 더 쉽다.
그리고 실패 확률 제로에 도전하는 동영상 강의도 제공한다.

파이썬은 누구나 쉽게 공부할 수 있다. 파이썬의 문법 구조는 간결하기 때문에 다른 코딩 언어 들과 비교해서 쉽고 빠르게 공부할 수 있다. 필자도 첫 느낌으로 쉽다는 느낌을 주고 싶었다. 그래서 이 책에서는 파이썬을 쉽게 설명한다. 그리고 누구나 공부할 수 있는 분량과 내용으로 이 책을 채웠다. 그러나 아무리 쉬워도 어려움을 겪는 사람이 있을 수 있다. 그래서 무료 강의도 제공한다. 강의까지 더해지면 이 책은 실패 확률 제로에 도전하는 콘텐츠가 되리라 믿는다.

필자가 운영하는 네이버 카페 https://cafe.naver.com/cstudyjava에 가입만 하면 동영상 강의를 무료로 들을 수 있다. 그리고 이 책의 소스코드도 출판사 홈페이지와 카페에 동시에 올려놓겠다.

이 책은 기초편이다.
전공에 상관없이 나이에 상관없이 볼 수 있다.

이 책은 파이썬의 기초를 다루는 책이다. 그러나 이 책의 내용만 다 공부하더라도 기본적인 파이썬 활용이 가능한 수준에 이를 수 있다. 따라서 파이썬을 전문적으로 다뤄야 하는 수준이 아니라면 이 책에서 다루는 내용으로도 충분하다고 생각한다. 잘 알려진 파이썬 강의가 하나 있다. 미국 미시건 대학에 재직 중인 Charles Severance 교수의 'Python for everybody'라는 강의인데, 전공에 상관없이 누구나 파이썬을 공부할 수 있도록 만들어진 강의이다. 그런데 필자가 본서에서 설명하는 내용의 분량이 그 강의보다 많다. 대략 두 배 반 정도 되는 것 같다. 그래서 필자가 만들어서 올릴 강의의 시간도 두 배를 넘을 것으로 생각하고 있다. 그러니 이 책에서 너무 조금 알려주는 것 아닌가 하는 걱정은 하지 않아도 된다. 대부분의 경우 이 책에서 언급하는 내용만으로도 충분할 것이다.

열혈 파이썬: 중급편
파이썬의 완성을 위한 필자의 계획!

파이썬은 다른 언어를 사용하던 프로그래머들까지 끌어모으는 매력이 있다. 필자 역시 그 매력에 빠졌고 지금은 파이썬으로 할 수 있는 일들을 생각하고 또 생각한다. 왜냐하면 파이썬을 쓰는 것 자체가 정말 재미있기 때문이다. 이 책의 독자분들도 파이썬의 매력에 빠질 확률이 높다. 그리고 더 알고자 하는 욕심도 생길 것이다. 그래서 그런 분들을 위해 다음 제목의 책을 집필할 계획에 있다.

　　윤성우의 열혈 파이썬: 중급편

본서 출간 이후로 1년 안에는 출간이 될 것으로 생각한다. 그리고 '기초편'과 '중급편'을 통해서 파이썬 프로그래머가 알고 있어야 하는 문법적 지식이 모두 담기도록 책을 엮을 생각이다. 여러분이 이 책을 다 봤을 때 위 제목의 책이 출간되어 있기를 바란다. 그러나 출간되지 않았더라도 기다려 주면 좋겠다. 별일이 없다면 위 제목의 책을 출간할 것이다. 필자는 아직 파이썬에 대해서 하고 싶은 말이 많다.

저자 **윤성우**

인터넷 강의에 대한 소개와 수강하는 방법

본 도서의 인터넷 강의는 필자가 개설한 네이버 카페를 통해서 출판사가 아닌 필자 개인의 책임으로 제공하고자 합니다. 따라서 네이버에서 '윤성우 카페'로 검색하셔서 찾아오시면 됩니다. 그리고 출판사 홈페이지를 통해서도 안내가 될 예정이니 이를 참고하셔도 됩니다. 카페에 가입만 하시면 이곳에서 언제든지 본 도서의 강의를 무료로 수강하실 수 있습니다.

제가 강의 자료를 만들어서 별도로 제공을 할 수도 있고 개인 과외를 하듯이 책의 내용을 화면에 펼친 상태에서 강의를 진행할 수도 있습니다. 내용에 따라서 효율적인 강의 방법을 선택하여 강의를 할 예정입니다. 비록 제 얼굴이 나오는 강의는 아니지만 집중도 높고 책 전체의 완벽한 이해를 추구하는 초보자를 위한 강의를 하도록 노력하겠습니다.

소스코드와 연습문제 답안

예제의 소스코드와 본서 중간에 등장하는 연습문제의 답안은 제가 개설한 카페와 출판사 홈페이지를 통해서 동시에 제공할 예정이니 원하는 곳에서 다운 받아서 활용하시기 바랍니다.

Contents

Chapter 01. 파이썬에게 질문하기   009
- 01-1. 파이썬의 시작 포인트   010
- 01-2. 파이썬의 특징   011
- 01-3. 일단 파이썬을 설치하자.   012
- 01-4. 수식을 계산하게 하자.   016
- 01-5. 헤이 지니! 소리질러!   017
- 01-6. 이거 기억해 둬 조금 이따가 다시 사용할거야   021
- 01-7. 이름 가져다 붙이기   024
- 01-8. 변수(Variables)와 대입 연산자   028
- 01-9. 이거 어떤 일들이 벌어질까요?   029

Chapter 02. 간단한 함수 만들기   031
- 02-1. 함수 만들기1: 인자 없는 것   032
- 02-2. 함수 만들기2: 인자 있는 함수   036
- 02-3. 함수 만들기3: 값의 반환이 있는 것   039
- 02-4. 함수를 파일에 저장하기   042
- 02-5. 파일을 불러와서 실행하기   045
- 02-6. 주석을 달자.   047
- 02-7. 이름 달기 규칙 그리고 대소문자 구분   048
- 02-8. main 함수가 있는 방식으로 예제를 작성하자.   049

Chapter 03. 프로그램 사용자로부터의 입력 그리고 코드의 반복   053
- 03-1. 프로그램 사용자로부터 입력받기   054
- 03-2. 입력받은 내용을 숫자로 바꾸려면   057
- 03-3. 강력한 그러나 위험할 수 있는 eval 함수   060
- 03-4. 정해진 횟수만큼 반복해서 실행시키기   061
- 03-5. for..in..과 range의 조합   065

Chapter 04. int형 데이터와 float형 데이터   069
- 04-1. 정수의 표현과 실수의 표현   070
- 04-2. int형과 float형을 대상으로 하는 기본적인 산술 연산   072
- 04-3. int형으로 변환, float형으로 변환   074
- 04-4. 복합 대입 연산자   076
- 04-5. 소괄호   077

Chapter 05. 리스트와 문자열   079
- 05-1. print 함수의 복습과 확장   080
- 05-2. 리스트형 데이터   081
- 05-3. 리스트형 데이터의 연산: 인덱싱 연산   084
- 05-4. 리스트형 데이터의 연산: 슬라이싱 연산   089
- 05-5. 슬라이싱 연산에서 생략 가능한 부분   090

05-6. 리스트에서 두 칸씩 뛰면서 저장된 값들 꺼내기   092
05-7. 스트링형 데이터: 문자열   095
05-8. 리스트와 for 루프 그리고 문자열과 for 루프   099
05-9. 리스트와 문자열을 인자로 전달받는 함수 len   100
05-10. 리스트와 문자열을 인자로 전달하고 반환하기   101

Chapter 06. 리스트와 문자열의 함수들   103

06-1. 리스트와 함수들   104
06-2. 두 가지 유형의 함수가 갖는 특징들   110
06-3. 문자열과 함수들   112
06-4. 문자열의 탐색 관련 함수들   116
06-5. 문자열의 일부로 포함이 되는 이스케이프 문자   117
06-6. 함수가 아닌 del명령   119

Chapter 07. True, False 그리고 if와 그 형제들   121

07-1. 참과 거짓을 의미하는 값(데이터)   122
07-2. 소스파일에 main 함수 만들기   124
07-3. if문:조건이 맞으면 실행을 해라.   124
07-4. if ~ else문:이쪽 길! 아니면 저쪽 길!   127
07-5. if ~ elif ~ else문: 여러 길 중에서 하나의 길만 선택!   129
07-6. True 또는 False를 반환하는 연산들   131
07-7. 리스트와 문자열을 대상으로도 동작하는 >=, <=, ==, !=   139
07-8. True 또는 False로 답하는 함수들   140
07-9. in, not in   142
07-10. 수(Number)를 True와 False로 인식하는 방식   145

Chapter 08. for 루프와 while 루프   149

08-1. for 루프에 대한 복습   150
08-2. True가 될 때까지 반복하는 while 루프   151
08-3. for 루프와 while 루프의 비교   154
08-4. break   157
08-5. continue   160
08-6. 이중 for 루프   163

Chapter 09. 튜플과 레인지   167

09-1. 튜플(Tuple)   168
09-2. 튜플을 어디다 쓸 것인가?   170
09-3. 튜플 관련 함수와 연산들   172
09-4. 말이 나온 김에 리스트 안에 저장된 데이터를 바꿔보자.   175
09-5. 범위를 지정하는 레인지   177
09-6. 레인지 범위 거꾸로 지정하기   180

Contents

Chapter 10. 함수에 대한 추가적인 설명들   183
10-1. 함수 만들기 복습   184
10-2. 이름을 지정해서 값 전달하기   185
10-3. 디폴트 값   188
10-4. 함수의 매개변수 참조 관계   190

Chapter 11. '모듈의 이해' 그리고 '수학 모듈' 이용하기   193
11-1. 모듈을 만들어 봅시다.   194
11-2. 모듈을 가져다 쓰는 방법1   195
11-3. 모듈을 가져다 쓰는 방법2   198
11-4. as로 모듈의 이름 줄이기   201
11-5. 수학 관련 모듈   203

Chapter 12. 딕셔너리(Dictionary)   207
12-1. 딕셔너리의 이해   208
12-2. 딕셔너리의 데이터 참조, 수정, 추가, 삭제   211
12-3. 연산자 == 을 대상으로 관찰하는 딕셔너리의 성격   213
12-4. in 연산과 not in 연산   214
12-5. 딕셔너리의 for 루프   216

Chapter 13. 클래스와 객체   219
13-1. 전역변수와 지역변수   220
13-2. 객체지향 프로그래밍   223
13-3. 클래스와 객체 이전의 프로그램에 대한 반성   224
13-4. 클래스와 객체의 이해   227
13-5. 나이 정보 관리하는 이전 예제의 수정 결과   232
13-6. self 너 뭐냐!   235
13-7. self 이외의 매개변수를 갖는 함수들 정의해보기   238
13-8. 생성자   240
13-9. 사실 파이썬의 모든 데이터는(값은) 객체   245

Chapter 14. 예외처리   247
14-1. 예외가 발생하는 상황   248
14-2. 예외의 처리   250
14-3. 보다 적극적인 예외의 처리   254
14-4. 둘 이상의 예외를 처리하기   255
14-5. 예외 메시지 출력하기와 finally   257
14-6. 모든 예외 그냥 무시하기   259

Chapter 01

파이썬에게 질문하기

01-1. 파이썬의 시작 포인트

01-2. 파이썬의 특징

01-3. 일단 파이썬을 설치하자.

01-4. 수식을 계산하게 하자.

01-5. 헤이 지니! 소리질러!

01-6. 이거 기억해 둬 조금 이따가 다시 사용할거야

01-7. 이름 가져다 붙이기

01-8. 변수(Variables)와 대입 연산자

01-9. 이거 어떤 일들이 벌어질까요?

01-1 ○ 파이썬의 시작 포인트

이 책을 선택한 분들이라면 다음 두 가지가 무엇인지 정도는 알고 있을 것이다.

- 컴퓨터 프로그램 (소프트웨어)
- 프로그래밍 언어 (코딩 언어)

파이썬도 그리고 필자도 그 이상 알고 있기를 바라지 않는다. 최소한 필자가 풀어내는 파이썬은 그렇다. 대부분의 언어 책들이 배경과 역사를 설명한다. 그러나 이 책에서는 파이썬을 공부하는데 당장 급하지 않다고 생각되는 부분에 대한 설명을 최소화했다. 그리고 이 책을 보고 나서 다음과 같이 말할 수 있다면 그것으로 이 책의 임무는 다했다고 생각한다.

"난 파이썬을 이용해서 코딩할 수 있어."

사실 본서와 같이 가벼운 느낌의 책을 집필할 수 있는 이유는 이 책이 파이썬 책이라서 그렇다. 파이썬은 누구나 쉽게 배우고 쓸 수 있는 언어이다.

01-2 · 파이썬의 특징

사실 파이썬의 특징이 궁금할 수 있다. (파이썬의 특징은 파이썬을 공부하는 과정에서 자연스럽게 알게 된다.) 언어의 사용 방법보다 언어의 특징에 더 관심이 있을 수 있다. 그런데 그런 내용이 큰 의미를 갖는다고 생각하지 않는다. 예를 들어서 다음과 같이 필자가 파이썬의 특징 중 하나를 언급했다고 가정해 보자.

"파이썬은 무료다."

아마도 필자가 무료라고 말하기 전까지 이 사실이 궁금하지 않았을 것이다. 그리고 무료인 언어, 세상에 많다. 오히려 유료였다면 필자가 그 부분을 집중 설명했을 것이다. 언제 결제를 해야 하는지 등등 말이다.

"파이썬은 강력하다."

물론 강력하다. 그런데 얘만 강력한 게 아니라 현재 주류를 이루는 많은 코딩 언어들이 모두 자신의 영역에서 강력하다. 이쯤 되면 저자가 파이썬 안티가 아닌가 의심하는 독자도 있을 수 있다. 그런데 아니다. 필자는 파이썬을 좋아한다. 필자의 딸과 아들에게도 첫 번째 코딩 언어로 파이썬을 가르칠 생각이다. 그렇다면 필자가 파이썬을 좋아하고 또 자식들에게도 가르치려는 이유는 무엇일까?

"파이썬은 배우기 쉽다. 그럼에도 불구하고 파이썬으로 할 수 있는 일이 많다."

프로그래머가 되는 것이 목표라면 파이썬 이외에 다른 언어를 하나 더 선택해서 공부하기를 권하겠다. 그런데 프로그래머가 되는 것이 목표가 아니더라도 최소한 파이썬은 공부해 둘 필요가 있다. 이공 계열은 물론 사회 계열을 포함한 다양한 분야에서 이미 사용되고 있거나 사용될 예정이기 때문이다. 그러니까 파이썬은 프로그래머만을 위한 언어가 아니다. 그래서 미국 미시간 대학에서 개설된 파이썬 강의의 이름도 다음과 같다.

"모두를 위한 파이썬(Python for everybody)"

그리고 필자가 생각하는 파이썬의 가장 큰 특징은 위의 한 줄에 모두 담겨 있다.

일단 파이썬을 설치하자.

자! 그럼 파이썬 공부의 첫 단계로 파이썬 설치를 위해 아래 주소에 방문하자.

    https://www.python.org/

그러면 다음 페이지를 볼 수 있다. 물론 페이지 내용은 시간이 지남에 따라서 달라진다. 그러나 큰 틀은 잘 바뀌지 않는다.

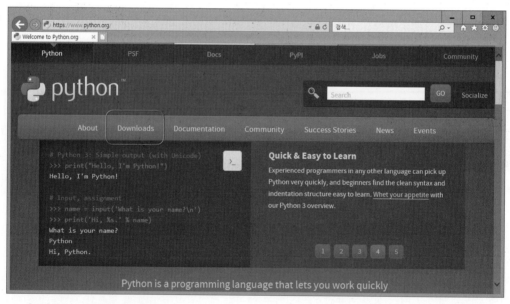

[그림 01-1: 파이썬 공식 페이지]

위 페이지에서 'Downloads'를 선택하자. 그러면 최신 버전의 파이썬 다운로드를 위한 페이지로 넘어간다.

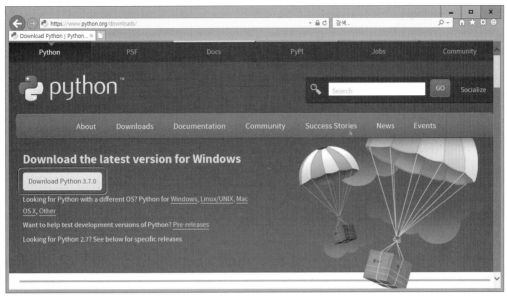

[그림 01-2: 파이썬 다운로드 페이지]

위의 페이지에서 보이듯이, 현재 올라와 있는 파이썬의 최신 버전은 다음과 같다.

```
Python 3.7.0
```

여기서 중요한 것은 숫자 3이다. 우리가 앞으로 공부하는 것이 파이썬 버전 3이기 때문에 이렇듯 3으로 시작하는 것을 설치하면 된다. 그럼 설치를 진행하자. 설치를 진행하면 바로 다음 페이지가 뜬다.

[그림 01-3: 설치 첫 번째 페이지]

위의 상태에서 'Install Now'를 선택해서 기본 설정 그대로 설치를 진행하자. (초보자가 아니어서 맨 아래에 있는 문장 'Add Python 3.7 to PATH'의 의미를 알고 있다면, 필요에 따라 이 부분을 선택해도 된다.) 그러면 다음과 같이 설치가 진행되는 것을 확인할 수 있다.

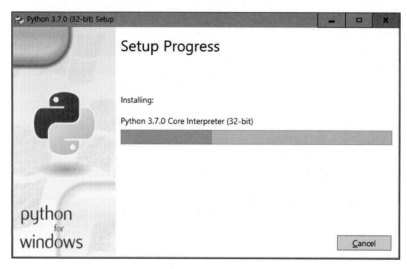

[그림 01-4: 설치 진행 중]

그리고 설치가 완료되면 다음 페이지가 뜬다. 이 상태에서 우측 하단에 있는 'Close' 버튼을 눌러서 설치를 완료하자.

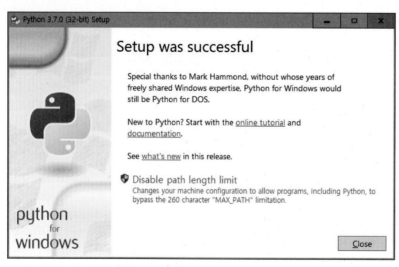

[그림 01-5: 설치 완료]

이제 설치가 완료되었으니 IDLE을 실행해 볼 차례이다. IDLE은 우리의 파이썬 코딩을 도와주는 프로그램이라고 생각하면 된다. IDLE 실행을 위해서 윈도우 하단에 있는 다음 '작업 표시줄'에서 가장 왼쪽에 있는 것을 선택하자.

[그림 01-6: 작업 표시줄]

그러면 우리가 설치한 것을 다음과 같이 확인할 수 있으며 여기서 IDLE이라는 것을 찾을 수 있다.

[그림 01-7: 파이썬 설치 내용]

위의 상태에서 'IDLE(Python 3.7 32-bit)'을 선택하면 다음과 같이 IDLE이라는 것이 실행된다.

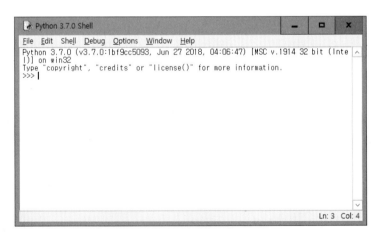

[그림 01-8: 파이썬 IDLE의 실행]

여기까지 완료했다면 일단 성공이다. 앞으로 언제든지 이렇듯 IDLE을 실행시킬 수 있어야 한다.

01-4 ○ 수식을 계산하게 하자.

이제 다시 IDLE을 실행하자. 그리고 커서가 깜빡이는 다음 부분을 보자.

```
>>>
```

이것을 가리켜 '파이썬 인터프리터 프롬프트' 또는 간단히 '파이썬 프롬프트'라 하는데, 이는 우리가 시키는 일을 수행하는 '램프의 지니' 정도로 생각하면 된다. 특히 얘는 산술 연산을 정말 잘한다. 다음과 같이 계산을 시키면 그 결과를 바로 보여준다.(입력의 끝에 엔터키를 눌러야 한다.)

```
>>> 33 + 55
88
```

조금 친절하게 물어본다고 다음과 같이 =까지 넣어주면 안 된다. 그러면 '오류(Error)'라는 것이 발생한다. 물어보는 방식에도 규칙이 존재한다. 그리고 그러한 규칙을 하나씩 알아가는 것이 파이썬을 공부하는 과정이다.

```
>>> 33 + 55 =
SyntaxError: invalid syntax
```

파이썬 프롬프트는 사칙연산을 잘한다. 그러나 곱셈은 *으로 나눗셈은 /으로 표시해야 한다는 사실은 알고 있어야 곱셈과 나눗셈을 시킬 수 있다. 그러니까 다음 수식을 계산하게 하려면,

$7 \times 5 \div 2$

다음과 같이 입력해야 한다.

```
>>> 7 * 5 / 2
17.5
```

다음과 같이 소괄호가 존재하는 수식을 계산하게 하려면?

　　$9 \times (5-7) \div 3$

마찬가지로 소괄호도 넣어서 물어보면 된다.

```
>>> 9 * (5 - 7) / 3
-6.0
```

이렇듯 파이썬을 공부할 때는 이런 게 될까? 궁금해하고 되는지 안되는지 확인하는 자세가 필요하다.

O1-5 ─ 헤이 지니! 소리 질러!

'파이썬 프롬프트' 그러니까 우리의 '파이썬 지니'가 다음과 같이 말을 하도록 명령해보자.

　　Hello, world!

필자라면 일단 다음과 같이 명령을 내려 보겠다. 실패가 예상되더라도 한 번 해보겠다.

```
>>> Hello, world!
SyntaxError: invalid syntax
```

결과는 오류! 무엇을 명령하는지 모르겠다고 답을 했다. 그렇다면 다음과 같이 명령을 내려보자.

```
>>> print("Hello, world!")
Hello, world!
```

print()의 소괄호 사이에 "Hello world!"를 넣어서 명령을 내렸더니, 넣은 문장을 그대로 출력해주었다. 이렇듯 '지니'가 출력을 하도록(소리를 지르도록) 하려면 print()의 소괄호 사이에 '큰따옴표로 감싼 문장'을 넣어주면 된다. 만약에 단순히 '수(number)'를 출력하고 싶다면 굳이 큰따옴표를 붙이지 않아도 된다. 다음과 같이 수는 그냥 넣어도 잘 출력된다.

```
>>> print(5)
5
```

물론 다음과 같이 큰따옴표를 붙여도 된다. (이 둘의 차이점은 나중에 알게 된다.)

```
>>> print("5")
5
```

그렇다면 예상해 보자. print()의 소괄호 사이에 3 + 5를 넣어주면 무엇이 출력되겠는가? 다음과 같이 계산 결과인 8이 출력된다.

```
>>> print(3 + 5)
8
```

반면 "3 + 5"를 넣어주면 큰따옴표로 둘러싸인 내용이 그대로 출력된다. 다음과 같이 말이다.

```
>>> print("3 + 5")
3 + 5
```

그리고 출력하고 싶은 것이 둘 이상이라면, 예를 들어서 다음과 같이 큰따옴표로 둘러싸인 문장과 숫자 하나를 출력하고 싶다면,

출력하고 싶은 문장   "3 + 5 ="

출력하고 싶은 숫자   8

다음과 같이 명령을 내리면 된다.

```
>>> print("3 + 5 =", 8)
3 + 5 = 8
```

그러니까 콤마를 찍어서 출력하고 싶은 것들을 추가로 나열할 수 있다. 다음과 같이 말이다.

```
>>> print(1, 2, 3, "Hello", "World!")
1 2 3 Hello World!
```

이러한 사실을 안다면, 계산을 시키고 더불어 그 계산 결과를 조금 더 멋지게 출력하는 명령을 다음과 같이 내릴 수 있다.

```
>>> print("3 + 5 =", 3 + 5)
3 + 5 = 8
```

어느새 우리는 수식을 계산하게 하고 또 적절히 그 결과를 출력하도록 명령을 내릴 수 있게 되었다. 그리고 지금 설명한 내용은 하나의 현상으로 받아들이자. 예를 들어서 다음과 같은 질문은 지금 어울리지 않는다. (그냥 파이썬 프롬프트가 그렇게 동작하도록 만들어져 있다고 가볍게 생각하자.)

"print()의 소괄호 안에 콤마를 찍으면 왜 여러 가지가 출력이 되나요?"

이어서 연습문제가 등장하는데, 가급적이면 이렇듯 중간에 등장하는 연습문제를 풀고 넘어가기 바란다. 시간이 조금 걸려도 그렇게 해야 다음 진도 나가기가 수월하다.

[연습문제 01-1]

■ 문제 1

파이썬 프롬프트를 통해서 자신의 이름을 출력해보자.

■ 문제 2

파이썬 프롬프트를 통해서 1부터 10까지 더한 결과를 출력해보자.

■ 문제 3

파이썬 프롬프트를 통해서 2를 5회 곱한 결과를 출력해보자.

■ 문제 4

파이썬 프롬프트를 통해서 다음 수식의 계산 결과를 출력해보자.

```
5-(3-1)
```

단, 출력의 형태는 다음과 같아야 한다.

```
5-(3-1) = 3
```

■ 문제 5

파이썬 프롬프트를 통해서 10을 2로 나눈 결과와 10을 2로 곱한 결과를 각각 출력해보자.

답안은 출판사 홈페이지 및 저자 카페를 통해 제공합니다.

이거 기억해 둬 조금 이따가 다시 사용할 거야

필자의 아들이 어렸을 때 다음과 같은 유형의 질문을 자주 했었다.

"아빠 3이랑 50을 곱해"

그런데 여기서 끝이 아니다. 질문이 계속 이어진다.

"거기에다 120을 더해"

"그리고 그걸 다시 3으로 나누면 얼마야?"

아빠의 암산 능력이 좀 되는 걸 알고 아빠를 시험하는 거다. 우리도 파이썬 프롬프트에게 이런 스타일로 질문할 수 있다. 그럼 이를 위해 다음 명령을 내려보자.

```
>>> val = 30
```

파이썬의 =은 '대입(assignment)'이라 하여 수학기호 =와 의미가 다르다. 그러니까 위의 명령을 내리면 컴퓨터 내부에서는 다음과 같은 일이 일어난다.

"메모리 공간에 30을 저장하고, 그 공간에다 val이라는 이름을 붙인다."

이를 그림으로 단순히 표현하면 다음과 같다.

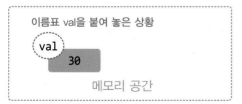

[그림 01-9: 대입의 결과]

따라서 이후로는 val이라는 이름은 30을 의미하게 된다. 이와 관련하여 다음 예제를 실행해 보자. 그러면 느낌이 단번에 온다.

```
>>> v1 = 25
>>> v2 = 30
>>> print(v1 + v2)
55
```

그럼 이제 연속된 다음 질문들에 대한 최종 답을 얻을 수 있도록 명령문을 구성할 수 있을 것이다.

"아빠 3이랑 50을 곱해"

"거기에다 120을 더해"

"그리고 그걸 다시 3으로 나누면 얼마야?"

위 질문에 대한 답을 얻으려면 다음과 같이 입력하면 된다.

```
>>> x = 3 * 50
>>> y = x + 120
>>> z = y / 3
>>> print(z)
90.0
```

그럼 위의 내용에 대해 한 문장씩 설명해보겠다. 일단 위에서 다음 문장이 제일 먼저 실행된다.

```
>>> x = 3 * 50
```

이때 =보다 *이 먼저 실행된다. 즉 곱셈이 진행되고 그 결과인 150이 메모리 공간에 저장된 후에 =에 의해서 그 공간에 x라는 이름이 붙게 된다. 즉 위 문장의 실행 결과를 그림으로 정리하면 다음과 같다.

[그림 01-10: 연속된 계산 1단계]

마찬가지로 다음 문장이 이어서 실행되면,

```
>>> y = x + 120
```

먼저 +가 진행되어 그 결과인 270이 메모리 공간에 저장되고, 이어서 =에 의해 그 공간에 y라는 이름
이 붙게 되어 다음 그림의 상태가 된다.

[그림 01-11: 연속된 계산 2단계]

그리고 다음 문장이 이어서 실행되면,

```
>>> z = y / 3
```

먼저 /이 진행되어 그 결과인 90이 메모리 공간에 저장되고, 이어서 =에 의해 그 공간에 z라는 이름이
붙게 되어 다음의 상태가 된다.

[그림 01-12: 연속된 계산 3단계]

그래서 마지막에 z를 출력했을 때 90이 출력되었다.

다음 질문에 차례로 답하는 코드를 작성해보자.

　　질문 1. 정수 2를 세 번 곱하면 얼마인가?

　　질문 2. 그리고 그 결과를 4로 나누면 얼마인가?

　　질문 3. 끝으로 그 결과를 두 번 곱하면 얼마인가?

답안은 출판사 홈페이지 및 저자 카페를 통해 제공합니다.

01-7 　이름 가져다 붙이기

파이썬의 =이 하는 일은 '메모리 공간에 이름 붙이기'로 정리할 수 있다. 그럼 다음 문장을 보자.

```
>>> x = 50
```

여기서 x와 같이 메모리 공간에 붙여진 이름을 가리켜 '변수(variable)'라 한다. 그리고 이렇듯 메모리 공간에 붙여진 이름 '변수'는 그 이름을 떼다가 다른 공간에 붙일 수도 있다. 이와 관련해서 다음의 예를 실행해보자.

```
>>> x = 100
>>> print(x)
100
>>> x = 3.14
>>> print(x)
3.14
>>> x = "Hi~"
>>> print(x)
Hi~
```

위의 예에서는 다음의 실행을 통해 100을 메모리 공간에 저장하고, 그 공간에 x라는 이름을 처음 붙였다.

```
>>> x = 100
```

그런데 이어서 다음 문장의 실행을 통해 3.14를 메모리 공간에 저장하고, 100이 저장된 공간에서 이름 x를 떼다가 3.14가 저장된 공간에 대신 붙였다.

```
>>> x = 3.14
```

마지막으로 다음 문장이 실행되면서 "Hi~"라는 문장이 메모리 공간에 저장되고, 이름 x를 이 공간에 옮겨 붙였다.

```
>>> x = "Hi~"
```

정리하면, x라는 이름표의 위치가 다음 그림에서 보이듯이 이동한 것이다.

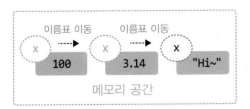

[그림 01-13: 이름의 이동]

그리고 위에서 보이듯이 큰따옴표로 묶어서 표현된 문장 "Hi~"를 가리켜 '문자열'이라 하는데, 문자열을 이루는 문자들은 메모리 공간에 나란히 저장되어 하나의 데이터로 존재하게 된다.

"문자열을 이루는 문자들은 메모리 공간에 나란히 저장되어 하나의 데이터로 존재한다."

그럼 다시 다음 질문을 가지고 이야기를 조금 더 해보자. 앞에서는 다음 질문에 대한 답을 얻기 위해 세 개의 변수 x, y, z를 사용하였다.

"아빠 3이랑 50을 곱해"

"거기에다 120을 더해"

"그리고 그걸 다시 3으로 나누면 얼마야?"

그런데 이 문제의 해결을 위해서 변수를 세 개나 사용하지 않아도 된다. 다음과 같이 하나의 변수면 충분하다.

```
>>> x = 3 * 50
>>> x = x + 120
>>> x = x / 3
>>> print(x)
90.0
```

위 예제의 실행 흐름을 설명하면 이렇다. 먼저 다음 문장이 실행되면서 메모리에 150이 저장되고, 그 메모리 공간에 x라는 이름이 붙는다.

```
>>> x = 3 * 50
```

[그림 01-14: x = 3 * 50]

이어서 다음 문장이 실행되면서, x와 120의 덧셈 결과인 270이 메모리 공간에 저장되고, 좀 전에 150이 저장된 공간에 붙여 두었던 이름 x를 떼다가 여기 270이 저장된 공간에 붙이게 된다.

```
>>> x = x + 120
```

[그림 01-15: x = x + 120]

이어서 실행하는 다음 문장도 마찬가지이다. 나눗셈이 먼저 진행되어 그 결과가 메모리 공간에 저장되고, 그 메모리 공간에 이름 x가 붙게 된다.

```
>>> x = x / 3
```

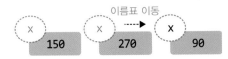

[그림 01-16: x = x / 3]

그래서 이렇듯 한 문장 안에 동일한 변수의 이름은 두 번 이상 등장할 수 있다.

[연습문제 01-3]

다음 질문에 차례로 답을 하는 코드를 작성해보자. 단, 변수는 딱 하나만 사용해서 아래 질문에 답을 하도록 해야 한다.

질문 1. 정수 2를 세 번 곱하면 얼마인가?

질문 2. 그리고 그 결과를 4로 나누면 얼마인가?

질문 3. 끝으로 그 결과를 두 번 곱하면 얼마인가?

답안은 출판사 홈페이지 및 저자 카페를 통해 제공합니다.

01-8   변수(Variables)와 대입 연산자

'이름을 가져다 붙인다.'는 표현을 책 마지막까지 쓴다면 설명하는 필자도, 그리고 그 설명을 듣는 여러분에게도 피곤한 일이 될 수 있다. 다음 문장에서 실제 일어나는 일이 25가 저장된 공간에 v라는 이름을 가져다 붙이는 것이 확실하지만 말이다.

```
>>> v = 25
```

일반적으로 프로그래밍 언어들은 메모리 공간과 그 공간에 붙여진 이름을 동일시한다.

"메모리 공간과 그 공간에 붙여진 이름을 동일시한다."

따라서 다음 두 문장을 보면서,

```
>>> v = 25
>>> v = 30
```

이를 다음과 같이 표현하는 것이 좋다. 이것이 변수에 대한 논리적인 이해이기 때문이다. (이름표 떼다 붙이기는 변수에 대한 메모리 관점의 물리적인 이해이다.)

"먼저 변수 v에 25를 저장하였다."

"그리고 다음 문장에서 v에 저장된 값을 30으로 바꾸었다."

즉 다음 그림에서 보이듯이 변수 자체를 값의 저장이 가능한 메모리 공간으로 생각하는 것이다.(단, 실제로 일어나는 일이 이름 가져다 붙이기라는 사실도 기억하고 있어야 한다.)

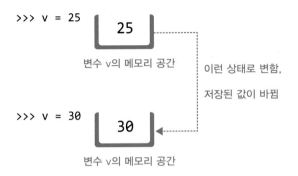

```
>>> v = 25
```
25
변수 v의 메모리 공간

이런 상태로 변함,
저장된 값이 바뀜

```
>>> v = 30
```
30
변수 v의 메모리 공간

[그림 01-17: 변수에 대한 논리적인 이해]

그리고 변수에 값을 저장할 때 사용하는 =을 가리켜 '대입 연산자'라 하는데, 이 연산자가 하는 일은 다음과 같이 정리해 두자.

"=의 오른편에 있는 값을 =의 왼편에 있는 변수에 저장한다."

그러니까 변수에는 얼마든지 다른 값을 저장할 수 있다. 연산자 =을 이용해서 말이다.

01-9   이거 어떤 일들이 벌어질까요?

이제 몇몇 문장들을 보여줄 테니 그것이 의미하는 바가 무엇인지 짐작해보자. 먼저 다음 문장이 의미하는 바를 짐작해보자.

```
>>> x, y = 121, 797
```

이는 다음의 예에서 보이듯이 변수 x와 y를 선언하고(만들고), 각각에 121과 797을 저장하라는 의미이다.

```
>>> x, y = 121, 797
>>> print (x, y)
121 797
```

그럼 다음 문장이 의미하는 바는 무엇이겠는가?

```
>>> x = y
```

다음 예에서 보이듯이 y가 갖고 있는 값을 x에 저장하라는 의미이다.

```
>>> x, y = 0, 797
>>> x = y
>>> print (x, y)
797 797
```

그렇다면 다음 문장이 갖는 의미는 무엇이겠는가?

```
>>> x, y = y, x
```

다음 예제에서 보이듯이 두 값의 교환이다.

```
>>> x, y = 121, 797
>>> x, y = y, x
>>> print(x, y)
797 121
```

다른 언어와 비교해 볼 때, 두 변수에 저장된 값을 서로 바꾸는 일이 이렇게 쉽게 된다는 사실은 놀라운 일이다. 하지만 파이썬 입장에서 이는 매우 당연한 일이다.

Chapter 02

간단한 함수 만들기

02-1. 함수 만들기1 : 인자 없는 것

02-2. 함수 만들기2 : 인자 있는 함수

02-3. 함수 만들기3 : 값의 반환이 있는 것

02-4. 함수를 파일에 저장하기

02-5. 파일을 불러와서 실행하기

02-6. 주석을 달자.

02-7. 이름 달기 규칙 그리고 대소문자 구분

02-8. main 함수가 있는 방식으로 예제를 작성하자.

02-1 함수 만들기 1: 인자 없는 것

이번 장에서는 '함수'라는 것을 소개한다. 이와 관련해서 다음의 예를 보자.

```
>>> print("반갑습니다.")
반갑습니다.
>>> print("파이썬의 세계로 오신 것을 환영합니다.")
파이썬의 세계로 오신 것을 환영합니다.
```

위의 예에서는 다음 두 문장을 실행하였다.

    print("반갑습니다.")

    print("파이썬의 세계로 오신 것을 환영합니다.")

위의 두 문장을 한 번 더 실행하고 싶다면? 두 문장을 다시 입력해야 한다. 그러나 위의 두 문장을 '함수(function)'라는 것으로 묶으면, 한 번의 명령으로 위의 두 문장을 실행시킬 수 있다. 횟수에 상관없이 원하면 언제든 말이다. 그럼 위의 두 문장을 함수로 묶어 보겠다.

```
>>> def greet():
        print("반갑습니다.")
        print("파이썬의 세계로 오신 것을 환영합니다.")

>>>
```

위에서는 greet이라는 이름의 함수를 만들었다. 그리고 이 함수에는 두 개의 문장이 속해 있다. 즉 위함수의 내용을 정리하면 다음과 같다.

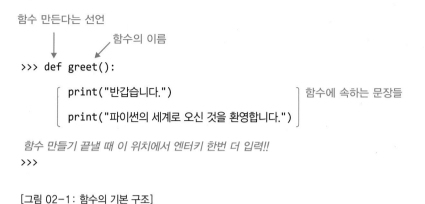

[그림 02-1 : 함수의 기본 구조]

이렇듯 함수를 만들어 놓으면, 다음과 같이 함수 이름의 입력을 통해 그 안에 속한 문장들을 순서대로 실행시킬 수 있다. 몇 번이든 말이다.

```
>>> greet()
반갑습니다.
파이썬의 세계로 오신 것을 환영합니다.
>>> greet()
반갑습니다.
파이썬의 세계로 오신 것을 환영합니다.
```

그럼 앞서 만들었던 greet 함수의 첫 번째 줄을 보자.

```
>>> def greet():
```

이는 파이썬 프롬프트에게 다음과 같이 말하는 것과 같다. (함수를 만든다는 사실과 더불어 그 함수의 이름이 greet임을 알렸다.)

    "지금부터 greet라는 이름의 함수를 만들 거다."

이어서 엔터키를 누르면 다음과 같이 함수에 담을 내용을 입력할 수 있는 상태가 되는데, 여기서 주목할 부분은 '커서(깜빡거리며 입력을 기다리는 것)'의 위치이다.

```
>>> def greet():
        |
```

일단 줄을 바꿨는데도 〉〉〉 이 뜨지 않았다. 그리고 커서의 위치가 왼쪽에서 몇 칸 떨어져 있는 상태인데, 이 상태를 가리켜 '들여쓰기가 된 상태'라 한다. 이렇듯 들여쓰기가 된 상태에서 문장을 입력해야 함수 greet에 속하는 문장이 된다.

　　"파이썬은 들여쓰기 상태로 함수에 속하는 문장인지 아닌지를 판단한다."

따라서 다음과 같이 입력하면 안 된다. 그러면 오류가 발생한다.

```
>>> def greet():
print("반갑습니다.")
SyntaxError: expected an indented block
```

반드시 다음과 같이 들여쓰기가 된 상태로 입력이 이뤄져야 한다. 왼쪽에서부터 몇 칸을 띄우든 상관없지만 동일한 간격으로 들여쓰기를 해야 하며 이왕이면 IDLE이 자동으로 해주는 들여쓰기 상태를 유지하는 것이 좋다.

```
>>> def greet():
        print("반갑습니다.")
        print("파이썬의 세계로 오신 것을 환영합니다.")
        |
```

이렇게 해서 greet 함수에 담을 내용을 모두 입력했다면 마무리를 해야 한다. 마무리 방법은 위의 상태에서(커서 위치가 어디인지 확인하자.) 엔터키를 한번 더 눌러주면 된다. 다음과 같이 말이다.

```
>>> def greet():
        print("반갑습니다.")
        print("파이썬의 세계로 오신 것을 환영합니다.")

>>>
```

그래서 함수의 마지막 문장과, 이어서 등장하는 〉〉〉 사이에는 한 줄의 공백이 있게 된다. 이렇게 해서 함수를 하나 만들어 보았는데, 이를 가리켜 '함수의 정의(definition)'라 한다. 즉 우리는 위에서 greet이라는 이름의 함수를 정의한 것이다. 그리고 다음과 같이 함수의 실행을 명령하는 것을 가리켜 '함수의 호출(call)'이라 한다. 즉 다음 문장은 greet 함수를 호출하는 문장이다.

```
>>> greet()
반갑습니다.
파이썬의 세계로 오신 것을 환영합니다.
```

물론 함수가 호출되면 그 함수에 속한 문장들이 차례로 실행이 되는데, 위의 예는 그러한 사실을 보여주고 있다.

[연습문제 02-1]

다음 세 개의 문장을 담고 있는 함수를 정의하되 이름은 MH라 하자. 그리고 정의했다면 그 함수를 두 번 이상 호출해보자.

```
print("1 + 2 + 3 + 4 + 5 = ", 1 + 2 + 3 + 4 + 5)
print("Simple is the best!")
print("행복한 파이썬~")
```

답안은 출판사 홈페이지 및 저자 카페를 통해 제공합니다.

02-2 함수 만들기 2: 인자 있는 함수

결국 함수라는 것은 여러 문장들을 담아 놓은 '상자'와도 같다. 그런데 다음과 같이 함수를 만들어서 함수 안으로 값을 전달할 수도 있다. 그럼 일단 다음 예를 실행하고 관찰해보자.

```
>>> def greet2(name):
        print("반갑습니다.", name)
        print(name, "님은 파이썬의 세계로 오셨습니다.")

>>> greet2("John")
반갑습니다. John
John 님은 파이썬의 세계로 오셨습니다.
>>> greet2("Yoon")
반갑습니다. Yoon
Yoon 님은 파이썬의 세계로 오셨습니다.
```

위 함수 정의의 시작은 다음과 같다.

```
def greet2(name):
```

이전 함수 정의와의 차이점은 소괄호 사이에 name이라는 변수가 등장한 점인데, 이 위치에 등장하는 변수를 가리켜 '매개변수(parameter)'라 한다. 그리고 이렇게 매개변수가 있는 함수를 호출할 때에는 매개변수에 넣어줄 값도 함께 전달해야 한다. 다음과 같이 말이다.

```
>>> greet2("Everyone")
반갑습니다 Everyone
Everyone 님은 파이썬의 세계로 오셨습니다.
```

그러면 변수 name에는 "Everyone"이 담기게 되어 함수에 속한 다음 문장들은,

```
print("반갑습니다.", name)
print(name, "님은 파이썬의 세계로 오셨습니다.")
```

다음의 형태로 실행이 된다.

```
print("반갑습니다.", "Everyone")
print("Everyone", "님은 파이썬의 세계로 오셨습니다.")
```

지금까지 설명한 상황을 정리하면 다음과 같다.

```
함수 호출
>>> greet2( "Everyone" )

                변수 name에 "Everyone" 전달 및 저장
함수 정의
>>> def greet2( name ):
        print("반갑습니다.", name)
        print(name, "님은 파이썬의 세계로 오셨습니다.")
```

[그림 02-2: 함수 호출 시 값의 전달]

이러한 사실을 알면 두 수의 덧셈 결과를 알려주는 함수를 다음과 같이 정의하고 호출할 수 있다.

```
>>> def adder(num1, num2):
        print("덧셈 결과:", num1 + num2)

>>> adder(10, 5)
덧셈 결과: 15
```

위의 예에서 보이듯이 함수의 정의에 있어서 매개변수의 수는 둘 이상이 될 수 있다. 매개변수 사이에 콤마(쉼표)를 찍어서 매개변수들을 구분해주면 된다. 물론 매개변수가 둘이면 호출할 때 전달하는 값도 둘이어야 한다. 그러면 첫 번째로 전달된 값이 첫 번째 매개변수에 저장되고 두 번째로 전달된 값이 두 번째 매개변수에 저장된다. 그리고 조금 뒤늦은 이야기지만, 우리가 작성해왔던 다음과 같은 형태의 문장도 사실은 print라는 이름의 함수를 호출하는 것이었다.

```
print("반갑습니다.")
```

이는 문자열 "반갑습니다."를 전달하면서 print 함수를 호출하는 문장이다. 물론 print 함수는 우리가 만든 함수가 아니다. 파이썬이 미리 만들어서 제공하는 함수이다. 파이썬에는 이렇게 미리 만들어서 제공하는 함수들이 매우 많다.

[연습문제 02-2]

■ 문제 1

매개변수를 통해서 하나의 문자열을 전달받아서 그 전달받은 문자열을 총 3회 출력하는 함수를 만들어보자.

■ 문제 2

매개변수를 통해서 하나의 정수를 전달받아서 전달받은 수와 부호가 반대인 정수를 출력하는 함수를 만들어보자. 예를 들어서 함수에 3이 전달되면 −3이 출력되고 −3이 전달되면 3이 출력되어야 한다.

■ 문제 3

매개변수를 통해서 두 개의 정수를 전달받아서 이 둘의 평균값을 계산해서 출력하는 함수를 만들어보자. 예를 들어서 이 함수에 3과 4가 전달되면 이 두 수의 평균값인 3.5가 출력되어야 한다.

답안은 출판사 홈페이지 및 저자 카페를 통해 제공합니다.

함수 만들기3: 값의 반환이 있는 것

앞서 매개변수를 통해 함수로 값을 전달할 수 있음에 대해 살펴보았다. 그런데 반대로 함수가 값을 되돌려 줄 수도 있다. 이와 관련해서 다음 예를 보자.

```
>>> def adder2(num1, num2):
        ar = num1 + num2
        return ar

>>> result = adder2(5, 3)
>>> print(result)
8
```

먼저 위 예의 함수 정의를 보자.

```
>>> def adder2(num1, num2):
        ar = num1 + num2
        return ar
```

위 함수 내에서는 다음과 같이 변수 ar을 선언하고 num1과 num2의 합을 이 변수에 저장하였다.

```
   ar = num1 + num2
```

그리고 이어서 return으로 시작하는 다음 문장을 실행했는데,

```
   return ar
```

이는 변수 ar에 저장된 값을, 함수를 호출한 영역으로 되돌려주라는 뜻이다. 따라서 다음과 같이 함수를 호출하면,

```
>>> result = adder2(5, 3)
```

먼저 adder2 함수가 호출되고, 그 함수 안에서 되돌려 주는 값 8이 adder2(5, 3)을 대신하여 다음의 상태가 된다.

```
>>> result = 8
```

그리고 이것이 바로 '함수를 호출한 영역으로 값을 되돌려 준 결과'이다.

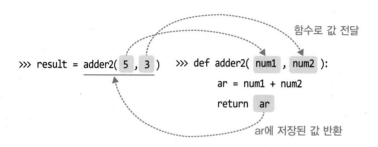

[그림 02-3: 함수 호출과 값의 반환]

이렇듯 함수가 되돌려 주는 값을 가리켜 '반환 값'이라 한다. 즉 return은 함수를 호출한 영역으로 값을 반환할 때(되돌려 줄 때) 사용하는 명령어이다.

그럼 이어서 다음 예를 보자. 이 예에서 정의한 함수 adder3은 앞서 정의한 함수 adder2와 완전히 동일하다. 다만 문장의 수를 줄여서 정의했을 뿐이다.

```
>>> def adder3(num1, num2):
        return num1 + num2

>>> print(adder3(5, 3))
8
```

위의 함수에서 보이듯이 return으로 시작하는 문장을 다음과 같이 만들 수도 있다.

```
return num1 + num2
```

그러면 덧셈이 먼저 진행되어 위 문장은 다음의 상태가 된다. (num1과 num2에 각각 5와 3이 저장된 상태이다.)

```
return 8
```

따라서 덧셈의 결과로 얻어진 값 8이 반환된다. 그리고 위 예에서는 다음과 같이 adder3 함수를 호출했는데,

```
print(adder3(5, 3))
```

모양새가 print 함수에 adder3(5, 3)을 전달하는 것처럼 보인다. 그러나 print 함수에 실제 전달되는 값은 adder3(5, 3)이 반환하는 값이다. 즉 위의 문장을 실행하면, 먼저 adder3이 호출되고 그 결과로 8이 반환되어 다음과 같이 print 함수를 호출하게 된다.

```
print(adder3(5, 3))          ⇨          print(8)
```

[연습문제 02-3]

▪ 문제 1
하나의 정수를 전달받아서 전달받은 수와 부호가 반대인 정수를 반환하는 함수를 정의해보자. 물론 정의한 함수를 호출해서 정상적으로 동작하는지 확인까지 해야 한다.

▪ 문제 2
두 개의 정수를 전달받아서 그 두 수의 평균값을 계산해서 반환하는 함수를 정의해보자.

답안은 출판사 홈페이지 및 저자 카페를 통해 제공합니다.

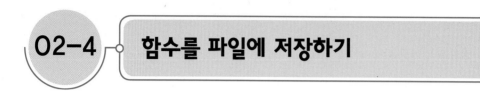

파이썬 프롬프트는 한 문장씩 입력을 받아서 그 결과를 바로 보여준다는 특징이 있다. 따라서 각 문장이 어떤 결과로 이어지는지 확인하기에 좋다. 그러나 이런 식으로는 프로그램을 만들기가 어렵다. 빈 파일을 생성해서 그 안에 프로그램을 이루는 문장들을 담을 수 있어야 그럴듯한 프로그램을 만들 수 있지 않겠는가? 따라서 지금부터 그 방법을 소개하려고 한다. 그럼 파일 생성을 위해 IDLE에서 다음과 같이 선택을 하자.

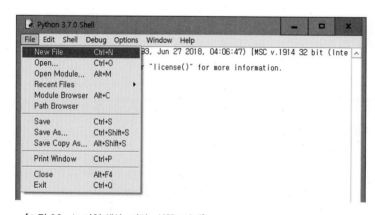

[그림 02-4: 파일 생성, 저장, 실행 1단계]

위와 같이 [File → New File]을 선택하면 다음과 같이 코드를 입력할 수 있는 상태의 창이 뜬다.

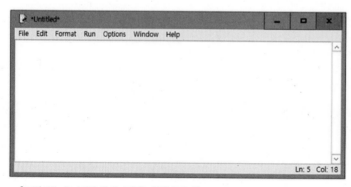

[그림 02-5: 파일 생성, 저장, 실행 2단계]

이제 위의 창에 다음 내용을 담아보자. 이는 앞서 우리가 작성했던 예 중 하나로, 함수 adder의 정의와 함수 adder의 호출이 담겨 있다.

```
def adder(num1, num2):
    return num1 + num2

print(adder(5, 3))
```

코드를 입력할 때 오타에 주의하고 들여쓰기 상태에 주의하자. 다음 문장은 adder 함수에 속하는 것이니 들여쓰기가 되어 있어야 하고,

```
return num1 + num2
```

다음 문장은 adder 함수를 호출하는 문장이니 들여쓰기가 되어 있지 않아야 한다.

```
print(adder(5, 3))
```

즉 잘 입력했다면 다음과 같은 상태여야 한다.

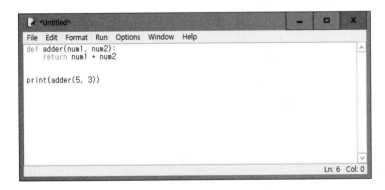

[그림 02-6: 파일 생성, 저장, 실행 3단계]

그럼 입력한 내용을 파일에 저장해보자. 일단 위의 내용을 다음 경로에 다음의 이름으로 저장을 하겠으니 해당 경로의 폴더가 없다면 생성하기 바란다.

저장 경로   C:\PyStudy

파일 이름   adder1.py

그리고 저장을 위해서 다음과 같이 [File → Save]를 선택한다.

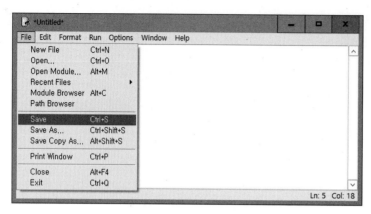

[그림 02-7: 파일 생성, 저장, 실행 4단계]

그러면 저장할 장소를 묻는 창이 뜨는데, 다음과 같이 C:\PyStudy 경로에 adder1.py의 이름을 입력하고 저장 버튼을 눌러서 저장을 마무리하자.

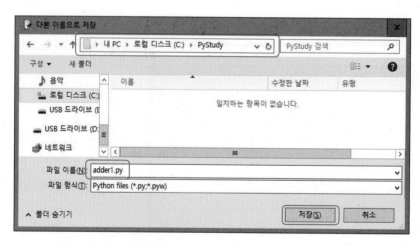

[그림 02-8: 파일 생성, 저장, 실행 4단계]

이렇게 해서 저장까지 끝이 났다면 다음과 같이 [Run → Run Module]을 선택해서 실행 결과도 확인하자.

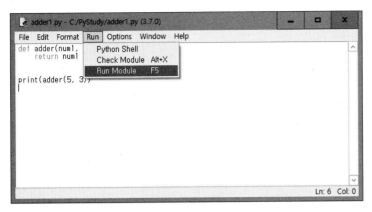

[그림 02-9: 파일 생성, 저장, 실행 5단계]

이렇게 해서 우리가 파일을 하나 생성했는데 이 파일을 가리켜 '소스파일(source file)'이라 한다. 그리고 그 안에 저장된 내용물을 가리켜 '소스코드(source code)'라 한다. 물론 파이썬의 소스파일은 확장자가 py로 끝나야 한다. 위의 예에서 보였듯이 말이다.

02-5 파일을 불러와서 실행하기

이번에는 소스파일을 불러와서 실행하는 방법을 소개하겠다. IDLE 상에서 소스파일을 불러들일 때는 다음과 같이 [File → Open]을 선택한다.

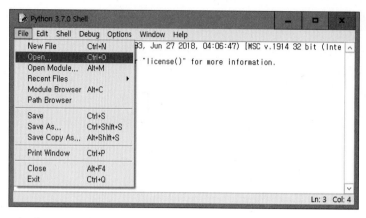

[그림 02-10: 저장된 소스파일 불러오기1]

그리고는 다음과 같이 열고자 하는 파일을 찾아서 선택하고 하단에 있는 '열기' 버튼을 누른다. 그러면
저장된 소스파일이 열려서 앞서 설명했던 방식과 동일하게 코드를 실행할 수 있다.

[그림 02-11: 저장된 소스파일 불러오기2]

02-6 주석을 달자.

소스코드에 '주석(comment)'이라는 것을 달아서 코드가 의미하는 바를 남겨둘 수 있다. 주석이 달린 예는 다음과 같다.

```
# adder1.py
def adder(num1, num2):    # 함수 adder의 정의
    return num1 + num2    # num1과 num2의 덧셈 결과를 넘김


print(adder(5, 3))    # adder 함수 호출, 그리고 그 결과 출력
```

이렇듯 #이 달리면 그 뒤에(그 오른쪽에) 등장하는 내용은 프로그램의 일부로 인식되지 않고 무시된다. 즉 위에 등장하는 다음 내용들은,

　# adder1.py

　# 함수 adder의 정의

　# num1과 num2의 덧셈 결과를 넘김

　# adder 함수 호출, 그리고 그 결과 출력

우리들 눈에는 보이지만 파이썬은 이를 무시한다. 그래서 실행될 내용에서 제외된다. 따라서 적절히 주석을 달아 놓아서 코드를 이해하는데 도움을 줄 수 있다.

02-7 이름 달기 규칙 그리고 대소문자 구분

변수나 함수의 이름을 짓는 데 있어서 다음 세 가지의 제약이 존재한다.

- 파이썬은 대소문자를 구분한다.
- 숫자로 시작하면 안 된다.
- 키워드는 이름으로 쓸 수 없다.

즉 다음 예에서 보이듯이 num과 Num은 서로 다른 변수이다.

```
>>> num = 0
>>> Num = 10
>>> print(num, Num)      # 변수 num과 Num을 나란히 출력
0 10
```

그리고 다음과 같이 숫자로 시작하는 이름은 허용이 안된다.

```
>>> 2num = 0
SyntaxError: invalid syntax
```

그리고 앞서 우리가 함수를 만들 때 사용했던 def, 값을 반환할 때 사용했던 return, 이렇게 용도가 정해져 있는 단어들을 가리켜 '키워드(keyword)라 하는데 이러한 키워드를 이용해서 변수나 함수의 이름을 짓는 것도 안된다.

```
>>> return = 2
SyntaxError: invalid syntax
```

더불어 변수나 함수의 이름을 짓는 파이썬의 관례가 있어 이를 소개하고자 한다. 기억해야 할 관례, 그리고 가급적 지켜야 할 관례 둘은 다음과 같다.

"변수와 함수의 이름은 소문자로 시작한다."

"둘 이상의 단어를 연결하는 경우 언더바 _를 이용해서 연결한다."

예를 들어서 '나의 이름'이라는 의미의 변수를 선언하기 위해서 my라는 단어와 name이라는 단어를 묶을 때, 이 둘을 다음과 같이 언더바 _로 연결하고 각 단어는 소문자로 시작하면 이는 좋은 예이다.

좋은 예   my_name

반면 다음과 같이 대문자로 시작하거나 두 단어를 그냥 연결하는 것은 좋지 않은 예이므로 피해야 한다.

좋지 않은 예   myname, MyName, My_Name

물론 위와 같이 이름을 짓는다고 해서 오류가 발생하는 것은 아니다. 그러나 이러한 규칙을 지키면 이후에, 한참 뒤에 공부하게 될 클래스라는 것과의 이름 혼동을 피할 수 있다. 즉 이름만 봐도 이것이 클래스의 이름인지, 아니면 변수나 함수의 이름인지 구분할 수 있다.

02-8   main 함수가 있는 방식으로 예제를 작성하자

앞서 소스파일에 담았던 다음 예를 다시 보자.

```python
# adder1.py
def adder(num1, num2):      # 함수 adder의 정의
    return num1 + num2


print(adder(5, 3))      # 위에 정의된 adder 함수의 호출과 print 함수의 호출
```

위의 내용을 실행시키면 먼저 adder 함수가 정의되고, 이어서 다음 문장에 의해서 adder 함수가 호출이 된다.

```
print(adder(5, 3))
```

그런데 위의 예를 다음과 같은 방식으로도 작성할 수 있고 이것이 더 권장되는 방식이기도 하다.

```
# adder2.py
def adder(num1, num2):      # 함수 adder의 정의
    return num1 + num2


def main():       # 프로그램의 실행 흐름을 담은 main 함수의 정의
    print(adder(5, 3))


main()        # 위에 정의된 함수 main의 호출
```

```
8
```

위의 예에는 다음과 같은 특징이 있다.

"프로그램의 실행 흐름을 담은 main이라는 이름의 함수를 별도로 정의하고 있다."

물론 소스파일에 담긴 내용은 위에서부터 아래로 실행되기 때문에, adder1.py와 같이 필요한 함수들을 먼저 정의하고 이어서 실행 흐름에 해당하는 문장들을 그냥 나열해도 된다. 그러나 위와 같이 main 함수에 실행 흐름에 해당하는 문장들을 담아 놓으면, 훨씬 정돈된 느낌을 받을 수 있고 또 관리하기도 좋아진다.

자! 그럼 예제를 하나 더 소개하겠다. 이 예제의 경우 함수의 정의가 넷, 실행의 흐름을 이루는 문장도 넷인데 이 네 개의 문장을 main 함수에 담았다.

```
# op4.py
def add(num1, num2):           # add 함수의 정의
    return num1 + num2
def min(num1, num2):           # min 함수의 정의
    return num1 - num2
def mul(num1, num2):           # mul 함수의 정의
    return num1 * num2
```

```
def div(num1, num2):          # div 함수의 정의
    return num1 / num2

def main():      # 프로그램의 실행 흐름을 담고 있는 main 함수의 정의
    print(add(5, 3))
    print(min(5, 3))
    print(mul(5, 3))
    print(div(5, 3))

main()       # main 함수의 호출
```

```
8
2
15
1.6666666666666667
```

그리고 위와 같이 main 함수를 정의하고 호출하는 방식으로 예제를 실행하면 main 함수의 정의가 남아 있는 상태이기 때문에, 다음과 같이 main 함수의 호출을 다시 명령할 수 있다.

```
>>> main()
8
2
15
1.6666666666666667
```

Chapter 03

프로그램 사용자로부터의
입력 그리고 코드의 반복

03-1. 프로그램 사용자로부터 입력받기

03-2. 입력받은 내용을 숫자로 바꾸려면

03-3. 강력한 그러나 위험할 수 있는 eval 함수

03-4. 정해진 횟수만큼 반복해서 실행시키기

03-5. for..in..과 range의 조합

03-1 · 프로그램 사용자로부터 입력받기

컴퓨터 프로그램의 중요한 기능 중 하나는 프로그램 사용자로부터 무언가를 입력받는 기능이다. 앞서 우리는 덧셈 프로그램을 만들었는데 그 형태가 다음과 같았다.

```
# adder2.py
def adder(num1, num2):
    return num1 + num2      # num1과 num2의 덧셈 결과 반환

def main():
    print(adder(5, 3))     # adder 함수 호출 후 반환되는 값 출력

main()    # 위의 main 함수 호출
```

8

위 프로그램은 5와 3의 덧셈 결과만 출력한다. 그러니까 프로그램 사용자가 궁금해하는 내용에는 관심이 없다. 물론 코드를 수정하면(adder에 전달하는 값을 수정하면) 원하는 덧셈 결과를 얻을 수 있다. 그런데 그런 형태로 프로그램을 사용하라고는 할 수 없지 않은가? 다음과 같이 대화하듯 동작하도록 만들어야 하지 않겠는가?

　　컴퓨터: 숫자 하나를 입력하세요.

　　사용자: 25

　　컴퓨터: 하나 더 입력해주세요.

　　사용자: 33

　　컴퓨터: 입력하신 두 수의 합은 58입니다. ^^

그렇다면 어떻게 해야 프로그램 사용자로부터 정보를 입력받을 수 있을까? 답은 함수에 있다. 그런 기능을 제공하는 함수를 사용하면 된다. 그리고 다음 예에서 보이듯이 그 함수의 이름은 input이다. 물론 이 함수는 파이썬이 미리 만들어서 제공하는 함수이다.

```
>>> str = input("How old are you: ")      # input 함수의 호출
How old are you: 12 years old
>>> print(str)
12 years old
```

우선 위 예의 첫 번째 문장이 실행되면 다음 상태가 된다.

```
>>> str = input("How old are you: ")      # input 호출하면서 "How old are you: " 전달
How old are you:
```

input 함수가 호출되면, 호출할 때 인자로 전달된 문자열이 출력되면서 프로그램 사용자가 무엇인가를 입력할 때까지 기다리게 된다. 따라서 이 상태에서는 무엇이든 키보드로 입력하고 입력의 끝을 의미하는 엔터키를 눌러야 한다. 그러면 키보드로 입력된 내용을 input 함수가 반환한다. 즉 다음과 같이 입력하고 엔터키를 누르면,

```
>>> str = input("How old are you: ")
How old are you: 12
```

입력된 내용을 input 함수가 '문자열의 형태'로 반환해서 다음의 상태가 된다. (비록 숫자 12를 입력했지만 문자열 "12"가 반환되었음에 주목하자.)

```
str = input("How old are you: ")
           │
           │  사용자가 12를 입력한 이후 상황
           ▼
str = "12"
```

[그림 03-1: input 함수의 동작 방식]

이러한 input 함수는 누구나 쉽게 사용할 수 있다. 그러나 입력된 내용이 하나의 문자열로 묶여서 반환된다는 사실에 주의해야 한다.

"input 함수는 입력된 내용을 하나의 문자열로 묶어서 반환한다."

그러니까 input 함수의 호출 결과는 다음과 같지 않고,

    str = 12

다음과 같다.

    str = "12"

그런데 파이썬은 '수'와 '문자열'을 구분하기 때문에, 이렇듯 문자열의 상태로 반환된 결과를 가지고는 '산술 덧셈'을 할 수 없다. 문자열을 가지고 덧셈을 할 경우 다음과 같이 문자열을 이어 붙이는 결과로 이어지기 때문이다.

```
>>> num = "31" + "24"    # 이 덧셈은 두 문자열을 이어 붙이는 결과로 이어진다.
>>> print(num)
3124
```

즉, 다음 문장에서의 덧셈 결과는,

    num = "31" + "24"

다음과 같다.

    num = "3124"

그렇다면 이 문제는 어떻게 해결해야 할까? 어떻게 해야 input 함수가 읽어 들인 결과를 가지고 산술 덧셈을 할 수 있을까? 그 방법에 대해서는 연습문제를 먼저 제공하고 이어서 소개하겠다.

[연습문제 03-1]

input 함수는 프로그램 사용자가 입력한 내용을 문자열의 형태로 반환한다는 사실을 본문에서 설명하였다. 따라서 이를 근거로 다음의 실행 흐름을 보이는 예를 작성해보자. (아래의 실행 흐름에서 12와 34는 프로그램 사용자가 입력한 값이다.)

```
>>> _____
첫 번째 입력: 12
>>> _____
두 번째 입력: 34
>>> _____
두 입력의 합: 1234
```

위의 실행 흐름에서는 프로그램 사용자가 12와 34를 입력하였다. 그리고 이 둘을 합하여 1234라는 결과를 만들어서 이를 출력하였다. 자! 그럼 이러한 실행 흐름이 진행되도록 위의 빈 공간을 채워보자.

답안은 출판사 홈페이지 및 저자 카페를 통해 제공합니다.

03-2 입력받은 내용을 숫자로 바꾸려면

프로그램 사용자로부터 '문자열'이 아닌 '수'를 입력받으려면 어떻게 해야 할까? 파이썬은 수를 입력받는 함수를 제공하지 않는다. 대신에 문자열의 내용을 수로 바꿀 때 사용할 수 있는 함수를 제공하고 있다. 그럼 이와 관련해서 다음 예를 보자.

```
>>> year = input("This year: ")
This year: 2020
>>> year = eval(year)     # year에 저장된 내용을 산술 연산이 가능한 '수'로 바꾼다.
>>> year = year + 1
>>> print("Next year:", year)
Next year: 2021
```

위 예에서는 다음과 같이 eval 함수를 호출하였다.

```
>>> year = eval(year)
```

이 문장이 실행되기 전 year에 저장된 내용은 문자열 "2020"이었다. 그런데 이를 eval 함수에 전달하였고, 그 결과 eval 함수는 2020이라는 수를 반환하였다. 즉 위 문장에서 eval 함수가 호출된 이후의 상태는 다음과 같다.

```
>>> year = 2020
```

그래서 다음과 같이 덧셈을 통해서 year에 저장된 값을 1 증가시킬 수 있었다. 왜? year에 저장된 것은 '수(number)'이니까.

```
>>> year = year + 1
```

그런데 처음부터 수를 입력받는 것이 목적이었다면 다음의 두 문장을,

```
year = input("This year: ")

year = eval(year)
```

다음과 같이 한 문장으로 구성할 수도 있다.

```
year = eval(input("This year: "))
```

위의 경우 input 함수가 먼저 호출되고, 그 결과로 반환되는 값이 eval 함수에 전달된다. 따라서 이렇게 줄여서 표현할 수 있다. 그리고 당연한 얘기로 들리겠지만 eval 함수는 소수점 이하의 값을 갖는 실수를 대상으로도 잘 동작한다.

```
>>> rad = eval(input("radius: "))
radius: 2.5
>>> area = rad * rad * 3.14     # 이는 원의 넓이 계산 공식을 적용한 문장입니다.
>>> print(area)
19.625
```

위의 예에서는 원의 넓이를 구하고 있는데, 그보다는 '입력받은 값으로 곱셈을 했다.'는 사실에 주목해야 한다. 곱셈을 했다는 것은 eval 함수가 2.5라는 수를 반환했다는 뜻이니까 말이다.

[연습문제 03-2]

eval 함수와 input 함수를 잘 묶어서 사용하면 프로그램 사용자로부터 산술 연산이 가능한 '수'를 입력받을 수 있음에 대해 본문에서 설명하였다. 따라서 이를 근거로 다음의 실행 흐름을 보이는 예를 작성해보자. (아래에서 1.24와 3.12는 프로그램 사용자가 입력한 값이다.)

```
>>> _____
첫 번째 입력: 1.24
>>> _____
두 번째 입력: 3.12
>>> _____
두 입력의 합: 4.36
```

위의 실행 흐름에서는 프로그램 사용자가 입력한 두 실수 1.24와 3.12를 대상으로 산술 덧셈이 진행되었음을 보이고 있다. 그럼 이러한 결과를 보이도록 위의 빈 공간을 채워보자.

답안은 출판사 홈페이지 및 저자 카페를 통해 제공합니다.

03-3 · 강력한 그러나 위험할 수 있는 eval 함수

일단 eval 함수에 대한 설명은 끝이 났다. 그런데 이런 말을 하고 싶다.

"다음 장에서 eval 함수를 대신할 수 있는 함수를 소개해 줄게요."

"그때까지만 eval 함수를 사용하기로 합시다."

사실 eval은 대단한 함수다. 함수 호출 시 전달되는 문자열의 내용을 분석해서 그 내용에 따라 무엇을 할지 결정하고 행동하기 때문이다. 그러니까 그냥 문자열을 숫자로 바꿔주는 기능의 함수가 아니다. 그 이상의 기능을 갖고 있는데 그냥 우리가 그 정도 수준으로만 사용하는 것이다. 일단 다음 예를 보자.

```
>>> result = eval(input("뭐든 넣어요: "))
뭐든 넣어요: 2 - 4 * 5 + 3
>>> print(result)
-15
```

위의 예에서 eval 함수에 문자열 "2 - 4 * 5 + 3"이 전달되었다. 그랬더니 문자열 안에 담겨 있는 수식을 다 계산하고 그 결과만 반환했다. 누가? eval 함수가! 사실 eval은 evaluate의 앞 부분을 딴 것인데, 그 이름처럼 전달된 문자열의 내용을 평가 및 해석해서 무엇을 할지 결정한다.

그렇다면 이 함수를 왜 쓰지 말라고 하는 것일까? 강력하니까 마구 써 줘야 하는 것 아닐까? 강력한데 조금 위험할 수 있다. 누군가 eval 함수를 호출한 문장을 이용해서, 시키지 않은 일이 내 컴퓨터에서 실행되게끔 할 수 있기 때문이다. 즉 eval 함수를 쓰면 보안에 취약해진다. 그럼 이와 관련해서 다음 예를 제시하겠다.

```
>>> def ret():      # ret라는 이름의 함수 정의, 단순히 12를 반환하는 함수다.
        return 12

>>> result = eval(input("뭐든 넣어요: "))
뭐든 넣어요: ret()
>>> print(result)
12
```

위의 예에서는 그냥 12를 반환하는 엄청 단순한 함수 ret을 정의했다. 그리고 어디서도 이 함수를 호출하지 않았다. 그런데도 불구하고 이 함수가 호출되었다. 이유는 프로그램 사용자가 키보드로 다음과 같이 입력했기 때문이다.

```
>>> result = eval(input("뭐든 넣어요: "))
뭐든 넣어요: ret()
```

위의 입력으로 인해 eval 함수에는 문자열 "ret()"이 전달되었고, eval 함수는 이 내용을 분석해서 ret 함수를 호출하였다. (프로그래머가 ret 함수 호출을 명령하지 않았음에도 불구하고 ret 함수가 호출되었는데, 이는 보안의 취약점으로 여겨지는 부분이다.)

자! 위의 예를 통해서, 코드 조작이 아닌 단순 문자열 조작만으로도 우리가 시키지 않은 일을 하도록 할 수 있다는 것을 짐작해 볼 수 있지 않은가? 우리가 eval 함수를 사용한다면 말이다. 그래서 eval 함수의 호출은 가급적 제한해야 한다.

03-4 · 정해진 횟수만큼 반복해서 실행시키기

프로그램을 작성하다 보면, 하나 이상의 문장을 원하는 만큼 반복 실행해야 하는 경우가 흔히 등장한다. 따라서 그 방법을 소개하려고 한다. 먼저 다음의 예를 실행하고 관찰하자.

```
>>> for i in [0, 1, 2]:
        print(i)
        print("hi~")

0
hi~
1
hi~
2
hi~
```

위 예의 코드는 다음과 같은데, 이와 같은 유형의 코드를 가리켜 'for 루프(for loop)'라 한다.

```
>>> for i in [0, 1, 2]:        # 이것을 가리켜 'for 루프'라 한다.
        print(i)
        print("hi~")
```

위에서 i는 변수이고 [0, 1, 2]는 반복의 횟수를 결정짓는 정보이다.

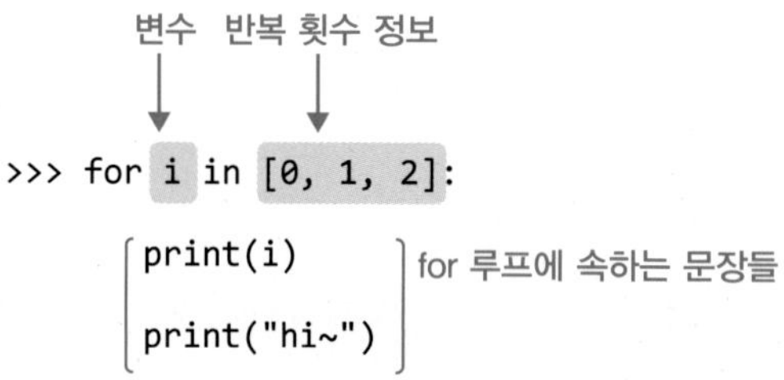

[그림 03-2: for 루프의 구성]

즉 다음과 같은 틀 안에 〈변수〉를 대신해서 i를, 〈범위〉를 대신해서 [0, 1, 2]를 넣어서 위의 문장이 만들어졌다. (그리고 들여 쓰기를 통해서 for 루프에 속하는 문장들이 만들어진다.)

```
for 〈변수〉 in 〈범위〉:
        〈for에 속하는 문장 1〉
        〈for에 속하는 문장 2〉

            . . . .
```

그렇다면 다음은 어떻게 이해해야 할까?

```
>>> for i in [0, 1, 2]:
```

이는 다음과 같이 이해하면 된다.

"변수 i에 0을 넣어서 for에 속한 문장들을 실행해,
        그리고 이어서 i에 1을 넣어서, 마지막으로 2를 넣어서 for에 속한 문장들을 각각 실행해."

즉 〈범위〉에 [0, 1, 2]가 와서 총 3회 실행되었다. 물론 〈범위〉에 [1, 3, 5]가 와도 3회 실행된다. 다만 매 실행 시 변수 i가 갖는 값에서 차이가 난다. 다음 예에서 보이듯이 말이다.

```
>>> for i in [1, 3, 5]:       # i에 1, 3, 5를 넣어서 for에 속한 문장들 실행
        print(i)
        print("hello~")


1
hello~
3
hello~
5
hello~
```

물론 for 루프에 속하는 문장들은 둘 이상이 될 수 있다. 함수에 속하는 문장들과 마찬가지로 들여쓰기만 잘해주면 된다. 그럼 지금 공부한 내용을 가지고 1부터 10까지의 합을 구하는 예를 작성해보자.

```
>>> sum = 0
>>> for i in [1, 2, 3, 4, 5, 6, 7, 8, 9, 10]:         '
        sum = sum + i      # sum의 값을 i 만큼 증가시키는 문장

>>> print(sum)
55
```

위의 예는 변수 sum에 i의 값을 누적해 나가는 방식으로 만들어졌다. i의 값이 1부터 10까지 1씩 증가하니 sum에는 1부터 10까지의 합이 담긴다.

[연습문제 03-3]

■ 문제 1

1, 3, 5, 7, 9의 합을 계산해서 그 결과를 출력하는 코드를 for 루프를 기반으로 작성해보자.

■ 문제 2

1부터 10까지의 곱의 결과를 계산해서 그 결과를 출력하는 코드를 for 루프를 기반으로 작성해보자.

■ 문제 3

구구단에서 7단 전부를 출력하는 코드를 for 루프를 기반으로 작성해보자.

■ 문제 4

구구단 7단을 전부 출력하되 거꾸로(7 x 9 = 63부터) 출력하는 코드를 for 루프를 기반으로 작성해보자.

답안은 출판사 홈페이지 및 저자 카페를 통해 제공합니다.

O3-5 · for.. in.. 과 range의 조합

앞서 1부터 10까지의 합을 구하는 for 루프를 만들어봤다. 그때 다음의 내용을 입력하면서 힘들지 않았는가?

    [1, 2, 3, 4, 5, 6, 7, 8, 9, 10]

힘들지 않았다면 1부터 100까지의 합을 구하는 for 루프를 만들어보자. 그러면 이런 식의 코드 입력에 한계가 있음을 느낄 것이다. 그렇다면 대안이 있을까? 물론이다. 다음과 같이 for와 range의 조합을 만들면 된다.

```
>>> sum = 0
>>> for i in range(1, 11):     # for 루프와 range의 조합
        sum = sum + i

>>> print(sum)
55
```

위의 예에서 보이듯이 for 루프에서 다음 둘이 의미하는 바는 같다.

    [1, 2, 3, 4, 5, 6, 7, 8, 9, 10]   vs.   range(1, 11)

그러니까 위 예의 range(1, 11)를 다음과 같이 이해하자.

range(1, 11)
    → for의 변수 i에 1부터 11 이전의 값까지 넣어서 반복을 진행하라는 의미

따라서 1부터 100까지의 합을 구하는 for 루프는 다음과 같이 작성하면 된다.

```
>>> sum = 0
>>> for i in range(1, 101):    # 변수에 1부터 (101-1)까지 넣어서 반복
        sum = sum + i

>>> print(sum)
5050
```

그리고 for 루프의 변수 i가 다음 예에서 보이듯이 그저 반복의 횟수를 세는 목적으로만 사용된다면, 이 변수의 값은 1이 아닌 0에서부터 시작하도록 코드를 작성하는 것이 좋다.

```
>>> for i in range(0, 3):    # 3회 반복이 목적입니다. i에는 0, 1, 2가 들어갑니다.
        print("Happy")

Happy
Happy
Happy
```

물론 위의 경우 range(0, 3)을 대신해서 range(1, 4) 또는 range(2, 5)를 넣어도 결과는 같지만, 이렇듯 단순히 반복 횟수를 명시하는 것이 목적인 경우에는 range() 안의 첫 번째 숫자를 0으로 두는 것이 관례이다. 그래야 두 번째 숫자만 보고도 몇 번 반복하는지 알 수 있기 때문이다. 그리고 다음에서 보이듯이 range(0, 3)은 range(3)으로 줄여서 쓸 수 있다.

```
>>> for i in range(3):  # range(3)은 range(0, 3)과 같다. 즉 '3회 반복'의 의미 가짐
        print("Happy")

Happy
Happy
Happy
```

물론 range에 변수도 넣을 수 있다. 필요한 경우에는 다음과 같이 변수를 기반으로 반복 횟수를 설정할 수도 있다.

```
>>> cnt = 2
>>> for i in range(cnt):      # cnt만큼 반복
        print("I love coffee")

I love coffee
I love coffee
```

이 정도 했으면 그래도 파이썬의 맛은 봤다고 할 수 있다. 그리고 여기까지 잘 왔다면 이 책을 마지막까지 공부하는데 큰 무리가 없을 것이다.

[연습문제 03-4]

■ 문제 1

"안녕하세요."를 총 5회 출력하는 코드를 for와 range 기반으로 작성해보자.

■ 문제 2

구구단 7단 전부를 출력하는 코드를 for와 range 기반으로 작성해보자.

■ 문제 3

다음 수식의 결과를 계산해서 그 값을 반환하는 함수를 for와 range 기반으로 정의해보자.

$$x^y$$

예를 들어서 함수의 이름이 exp라 할 때, exp(2, 3)의 형태로 호출되면 2^3 = 2×2×2 = 8이므로 8이 반환되어야 한다. 이 문제는 함수 안에 for 루프를 넣어서 작성해야 하므로 조금 어렵게 느낄 수 있다. 그러나 시도해보자! 안되면 답안을 보고서 이해하면 되니까 스트레스는 받지 말자.

■ 문제 4

"반갑습니다."를 여러 번 출력하는 greet이라는 이름의 함수를 만들어보자. 단, 몇 번 출력할지는 프로그램 사용자에게 묻고 입력받는 형태로 작성하자. 즉 함수가 호출되면 다음과 같은 실행 흐름을 보여야 한다.

```
>>> greet()
인사를 몇 번 할까요? 2
반갑습니다.
반갑습니다.
```

답안은 출판사 홈페이지 및 저자 카페를 통해 제공합니다.

Chapter **04**

int형 데이터와
float형 데이터

04-1. 정수의 표현과 실수의 표현

04-2. int형과 float형을 대상으로 하는 기본적인 산술 연산

04-3. int형으로 변환, float형으로 변환

04-4. 복합 대입 연산자

04-5. 소괄호

정수의 표현과 실수의 표현

우리가 다음과 같이 변수를 선언하고 값을 저장하면, 파이썬은 그 값을 컴퓨터의 메모리에 저장한다.

```
>>> data1 = 2        # 정수 2를 변수 data1에 저장
>>> data2 = 2.4      # 실수 2.4를 변수 data2에 저장
```

그런데 파이썬이 정수 2를 저장하는 방식과 실수 2.4를 저장하는 방식에는 차이가 있다. 우리가 볼 때는 둘 다 수이지만 파이썬 입장에서는 이 둘의 성격이 다르기 때문이다. 예를 들어서 파이썬에게 다음과 같이 명령했다고 가정해보자.

"2 이상 5 이하의 모든 정수를 저장해!"

그러면 파이썬은 기쁜 마음으로 2, 3, 4, 5를 저장한다. 그런데 다음과 같이 명령한다면?

"2.1 이상 2.2 이하의 모든 실수를 저장해!"

이 명령은 파이썬 입장에서 수행하지 못하는 명령이다. 왜냐하면 2.1 ~ 2.2 사이에 존재하는 실수의 수는 무한대(∞)이기 때문이다.

"2.101도 있고, 2.1001도 있고, 2.100001도 있고 끝이 없네."

사실 사람들도 다음과 같은 명령은 수행할 수 없다.

"2.1 이상 2.2 이하의 모든 실수를 종이에다 한번 적어 보시죠."

"원하시면 종이는 얼마든지 드리겠습니다."

때문에 파이썬은 실수를 정수만큼 잘 표현하지 못한다. (두 실수 사이에 존재하는 실수의 수가 무한대라는 특성 때문에) 예를 들어서 다음과 같이 정수를 저장하면 변수에는 정확히 2라는 값이 저장된다. 오차가 있지 않은 2가 저장된다.

```
>>> num = 2
>>> print(num)
2
```

그러나 다음과 같이 실수를 저장하면, 변수에는 정확히 1.000000000000001라는 값이 저장되지 않고 오차가 있는 값이 저장된다. (물론 오차를 최대한 줄이려는 노력은 이뤄진다.)

```
>>> num = 1.000000000000001
>>> print(num)
1.000000000000001
```

그런데 위의 예를 보면서 다음과 같이 물을 수 있다.

　"출력 결과를 보니까 저장한 값이 잘 출력 되었는데요? 오차 없는데요?"

오차가 너무 작아서 눈에 보이지 않을 뿐이다. 다음의 예처럼 오차끼리 더해져서 그 값이 커지면 오차도 눈에 보인다.

```
>>> num1 = 1.000000000000001
>>> num2 = 1.1
>>> print(num1 + num2)
2.1000000000000014
```

위의 예에서 num2에 저장된 값은 정확히 1.1이 아니다. 1.1에 가까운 값일 뿐이다. 그래서 num1에 존재하는 오차와 num2에 존재하는 오차가 더해져서 오차의 존재가 눈에 드러났다. 설명이 조금 길었는데 다음과 같이 정리하고 넘어가면 좋겠다.

- 파이썬이 '정수를 표현 및 저장하는 방법'과 '실수를 표현 및 저장하는 방법'은 다르다.
- 파이썬은 정수를 아주 정확히 표현하고 저장할 수 있다.
- 파이썬은 실수를 오차 없이 표현하고 저장하지 못한다. 실수에는 약간의 오차가 있다.

아! 그리고 이러한 실수의 표현 및 저장의 한계는 파이썬의 능력 부족이 아니라 컴퓨터가 갖는 한계이니(달리 생각하면 실수의 특성 때문에 그런 것이니) 오해하지 말자. 다른 코딩 언어들도 마찬가지이니 말이다.

04-2 int형과 float형을 대상으로 하는 기본적인 산술 연산

3과 같은 정수를 가리켜 'int형 값(데이터)'이라 한다. 그리고 3.1과 같은 실수를 가리켜 'float형 값(데이터)'이라 한다. 그렇다면 3.0은 어떤 값으로 인식되겠는가? 이는 다음 예에서 보이듯이 type이라는 함수를 통해서 확인할 수 있다. type 함수는 전달된 값의 종류가 무엇인지 말해준다.

```
>>> type(3)
<class 'int'>
>>> type(3.1)
<class 'float'>
>>> type(3.0)
<class 'float'>
```

type 함수에 3을 전달했더니 〈class 'int'〉가 출력되었는데, 이는 전달된 값이 'int형' 임을 말하는 것이다. 그리고 3.1을 전달했더니 〈class 'float'〉가 출력되었는데, 이는 전달된 값이 'float형' 임을 말하는 것이다. 그러니까 다음과 같이 정리하고 이야기를 이어가자.

5, 7과 같은 정수	int형 값(데이터)
3.1, 3.0과 같은 실수	float형 값(데이터)

그럼 이번에는 int형 그리고 float형 값을 대상으로 할 수 있는 기본적인 산술 연산 몇을 소개하겠다.

+	덧셈
−	뺄셈
*	곱셈
**	거듭제곱
/	실수형 나눗셈
//	정수형 나눗셈
%	나머지가 얼마?

위와 같이 어떤 연산을 할 때 사용하는 기호들을 가리켜 '연산자'라 한다. 그리고 위의 연산자들 중에서 ** 연산이 의미하는 바는 다음과 같다.

    3 ** 2   → 3^2

따라서 3^2은 다음과 같이 계산하면 된다.

```
>>> 3 ** 2
9
```

그리고 '실수형 나눗셈'은 다음과 같이 나머지 없이 소수점 이하까지 계산하는 방식을 의미한다.

    5 ÷ 2 = 2.5

따라서 실수형 나눗셈을 진행하는 / 연산자를 이용하면 다음과 같이 계산이 된다.

```
>>> 5 / 2
2.5
```

반면 '정수형 나눗셈'은 다음과 같이 '몫'과 '나머지'를 구하는 방식을 의미한다.

    5 ÷ 2 = 2…1   몫 1 나머지 1

따라서 나눗셈의 몫과 나머지를 구하려면 다음과 같이 계산해야 한다. 그러니까 몫과 나머지를 각각 계산해야 한다.

```
>>> 5 // 2      # 나눗셈의 몫을 계산
2
>>> 5 % 2       # 나눗셈의 나머지 계산
1
```

물론 파이썬에는 공학 및 자연과학 분야의 계산을 위한 수학 관련 함수들도 존재하는데, 이들에 대해서는 이후에 따로 모아서 설명을 하겠다.

04-3 int형으로 변환, float형으로 변환

float형 값을 int형 값으로 바꿔주는 함수가 있고, int형 값을 float형 값으로 바꿔주는 함수도 있다. 그리고 이 함수들의 이름은 각각 int와 float이다. 그럼 먼저 float 함수의 사용 예를 보이겠다.

```
>>> num = 10
>>> num = float(num)        # num의 값을 float형으로
>>> type(num)
<class 'float'>
```

위의 예에서 num에 저장된 값은 10이었는데, float 함수의 호출을 통해서 float형 값인 10.0으로 바뀌었다. 그런데 이 float 함수는 다음과 같이 문자열에 담긴 내용도 float형으로 바꿔준다.

```
>>> num = float("3.14")
>>> type(num)        # 아래의 출력 결과는 num에 저장된 값이 float형임을 의미함
<class 'float'>
```

따라서 다음과 같이 eval 함수를 호출하는 예를,

```
>>> height = eval(input("키 정보 입력: "))        # eval 함수 호출
키 정보 입력: 178.7
>>> print(height)
178.7
```

다음과 같이 float 함수를 호출하는 형태로 바꿀 수 있다.

```
>>> height = float(input("키 정보 입력: "))        # float 함수 호출
키 정보 입력: 165.3
>>> print(height)
165.3
```

그럼 이번에는 int 함수 호출의 예를 보이겠다. 이 함수는 전달된 값을 int형으로 변환해서 반환한다.

```
>>> num = int(3.14)        # 3.14를 int형으로 변환하라!
>>> print(num)
3
```

int형 값에는 소수점 이하의 값이 존재할 수 없다. 그래서 위 예에서 3.14를 int형으로 바꾸는 과정에서 소수점 이하의 값이 사라졌다. 그리고 int 함수도 문자열에 담긴 내용을 int형으로 바꿔줄 수 있기 때문에 다음의 예를,

```
>>> height = eval(input("키 정보 cm 단위로 입력: "))      # eval 함수 호출
키 정보 cm 단위로 입력: 178
>>> print(height)
178
```

다음과 같이 int 함수를 호출하는 형태로 바꿀 수 있다.

```
>>> height = int(input("키 정보 cm 단위로 입력: "))        # int 함수 호출
키 정보 cm 단위로 입력: 178
>>> print(height)
178
```

이렇게 해서 eval 함수를 대신할 수 있는 int 함수와 float 함수를 소개하였다. 물론 위의 eval 함수는 여전히 매력적이다. 다음과 같이 문장을 구성했을 때 정수가 입력되면 그 값을 int형으로 반환하고 실수가 입력되면 그 값을 float형으로 반환하기 때문이다.

```
height = eval(input("키 정보 입력: "))
```

그러나 전에 언급했듯이 eval 함수는 그 능력만큼이나 위험도가 높은 함수이므로 제한적으로 사용하려고 노력해야 한다.

O4-4 복합 대입 연산자

설명하는 김에 두 가지 연산자를 더 소개하겠다. 먼저 다음 예를 보자.

```
>>> num = 10
>>> num = num + 1      # num의 값을 1 증가
>>> print(num)
11
```

위 예의 다음 문장을 보자.

```
num = num + 1
```

위의 경우 + 연산이 먼저 진행된다. 따라서 덧셈 결과가 num에 저장되어 결국 num에 저장된 값이 1
증가하는 결과로 이어진다. 그런데 위의 문장은 다음과 같이 줄여서 쓸 수도 있다.

```
>>> num = 10
>>> num += 1      # num = num + 1을 줄인 표현
>>> print(num)
11
```

정리하면, 다음 두 문장은 완전히 동일하다.

```
num = num + 1     vs.     num += 1
```

마찬가지로 다음 두 문장도 완전히 동일하다.

```
num = num - 1     vs.     num -= 1
```

이쯤 되면 규칙이 눈에 보이지 않는가? 다음 두 문장도 마찬가지로 동일하다.

```
num = num * 3     vs.     num *= 3
```

소괄호

수학에서 소괄호는 연산의 순서를 결정하는 중요한 역할을 한다. 예를 들어서 다음 수식의 계산 결과는 나눗셈을 먼저 진행하기 때문에 5이다.

    3 + 4÷2 = 5

하지만 다음과 같이 소괄호를 해주면 덧셈을 먼저 하기 때문에 결과는 달라진다.

    (3 + 4)÷2 = 3.5

파이썬에도 이러한 의미로 소괄호가 존재한다. (사실 1장에서 이미 한 번 써 봤다.) 즉 파이썬의 소괄호는 수학에서 사용하는 소괄호와 그 의미가 같다. 다음 예에서 보이듯이 말이다.

```
>>> 3 + 4 / 2
5.0
>>> (3 + 4) / 2
3.5
```

[연습문제 04-1]

■ 문제 1

정수형 나눗셈의 결과를 출력하는 함수를 만들어보자. 그래서 이 함수가 호출되면 다음의 실행 결과를 보이도록 해보자. (아래 실행의 예에서 함수 이름이 int_div이라 가정하였다.)

```
>>> int_div(5, 2)      # 5 나누기 2의 몫과 나머지는?
몫: 2
나머지: 1
```

■ 문제 2

두 수 사이의 모든 정수의 합을 구하는 코드를 작성하되 함수 형태로 정의해서 다음의 실행 결과를 보이도록 해보자. (함수 이름이 bet_sum이라 가정하였다.)

```
>>> bet_sum(2, 5)      # 2와 5 사이의 수 3과 4의 합은?
7
>>> bet_sum(1, 5)      # 1과 5 사이의 수 2, 3, 4의 합은?
9
```

답안은 출판사 홈페이지 및 저자 카페를 통해 제공합니다.

Chapter **05**

리스트와 문자열

05-1. print 함수의 복습과 확장

05-2. 리스트형 데이터

05-3. 리스트형 데이터의 연산: 인덱싱 연산

05-4. 리스트형 데이터의 연산: 슬라이싱 연산

05-5. 슬라이싱 연산에서 생략 가능한 부분

05-6. 리스트에서 두 칸씩 뛰면서 저장된 값들 꺼내기

05-7. 스트링형 데이터: 문자열

05-8. 리스트와 for 루프 그리고 문자열과 for 루프

05-9. 리스트와 문자열을 인자로 전달받는 함수 len

05-10. 리스트와 문자열을 인자로 전달하고 반환하기

05-1 · print 함수의 복습과 확장

이번 장에서는 '문자열'과 '리스트'를 소개하는 것이 목적인데, 그에 앞서 print 함수의 사용 방법을 조금 더 설명하려 한다. 앞서 우리는 다음 수준으로 print 함수를 사용하였다.

```
>>> for i in [1, 2, 3]:      # i에 1, 2, 3을 넣어가며 반복!
        print(i)

1
2
3
```

기본적으로 print 함수는 출력을 끝내면 줄을 바꿔버린다. 따라서 위와 같이 print 함수를 여러 번 이어서 호출하면 여러 줄에 걸쳐서 내용이 출력된다. 그런데 줄을 바꾸지 않고 이어서 출력되도록 하는 방법이 있다. 다음과 같이 하면 된다.

```
>>> for i in [1, 2, 3]:
        print(i, end = '_')

1_2_3_
```

위의 예에서는 다음과 같이 print 함수를 호출하였다.

```
print(i, end = '_')
```

그리고 여기서 print 함수에 두 번째 값으로 넘긴 〈end = '_'〉 이 의미하는 바는 다음과 같다.

　"출력 마치고 나면 줄 바꾸는 것 대신에 '_'을 출력해주세요."

따라서 다음 형태로 print 함수를 호출하면, 출력 내용 사이에 줄을 바꾸는 대신 빈칸이 들어가게 할 수도 있다. (빈칸의 수는 하나 이상이 될 수 있다. 세 칸 넣으면 세 칸씩 떨어져서 출력된다.)

```
>>> for i in [1, 2, 3]:
    print(i, end = ' ')        # 줄 바꿈 대신 빈 공간을 넣어라.

1 2 3
```

일단은 이 정도만 이해하고 print 함수를 활용하자. 갑자기 〈end = ' '〉가 어떻게 등장한 것인지 궁금하겠지만, 이에 대해서는 10장에서 설명할 테니 지금은 이 정도만 이해하고 활용에 목적을 두자.

05-2 ○ 리스트형 데이터

다음과 같이 프롬프트상에서 숫자를 입력하고 엔터키를 눌러보자.

```
>>> 35
35
```

이렇듯 정수는 print 함수를 호출하지 않고 그냥 입력만 해도 출력이 된다. 그리고 이는 35라는 값의 존재를 '파이썬이 데이터로 인식한다는 의미'이기도 하다. 물론 'int형 값'으로 인식한다. 반면 다음과 같이 입력하면 오류가 발생한다.

```
>>> Happy
Traceback (most recent call last):
  File "<pyshell#0>", line 1, in <module>
    Happy
NameError: name 'Happy' is not defined
```

이는 '당신이 입력한 Happy가 무엇인지 판단이 안됩니다.'라고 답하는 상황이다. 그럼 이번에는 실수를 입력해보자.

```
>>> 3.14
3.14
```

역시 3.14는 'float형 값'으로 인식되기 때문에 입력한 값이 그대로 출력되었다. 그렇다면 다음과 같이 for 루프를 작성할 때 사용하는 [1, 2, 3]을,

```
for i in [1, 2, 3]:
    pass    # pass라고 입력하면 아무 일도 하지 않는 for 루프가 만들어집니다.
```

다음과 같이 입력하고 엔터키를 눌러보자. 그러면 출력 결과를 통해서 [1, 2, 3]도 데이터로 인식됨을 알 수 있다. (데이터로 인식이 되니까 입력 내용 그대로 출력이 된 것이다.)

```
>>> [1, 2, 3]
[1, 2, 3]
```

사실 [1, 2, 3]과 같은 표현은 for 루프의 일부로만 사용하는 표현이 아니라, 그 자체로 파이썬이 인식하는 데이터의 한 종류이다. 그리고 이러한 유형의 데이터를 가리켜 '리스트형 데이터' 또는 간단히 '리스트'라 한다.

"[1, 2, 3]은 파이썬이 인식하는 데이터의 한 종류이다."

"[1, 2, 3]은 정수 1, 2, 3을 묶어 놓은 '리스트형(list type) 데이터'이다."

이러한 사실은 다음과 같이 type 함수 호출을 통해서도 확인할 수 있다. type 함수는 전달된 값의 데이터형을 알려주는 함수이니 말이다.

```
>>> type([1, 2, 3])        # [1, 2, 3]의 데이터 종류는?
<class 'list'>
```

이러한 리스트는 여러 개의 값을 묶는데 사용된다. 그리고 다음에서 보이듯이 묶을 수 있는 값의 종류에 제한이 없다. 서로 다른 종류의 값도 얼마든지 묶을 수 있다.

```
>>> [1, "hello", 3.3]
[1, 'hello', 3.3]
```

물론 다음과 같이 리스트 안에 리스트를 넣을 수도 있다.

```
>>> [1, 2, [3, 4], ["AAA", "ZZZ"]]
[1, 2, [3, 4], ['AAA', 'ZZZ']]
```

그리고 또 중요한 사실 하나는 다음과 같이 리스트를 변수에 담는 것도 가능하다는 것이다.

```
>>> st = [1, "hello", 3.3]        # 리스트를 변수 st에 담았음
>>> print(st)
[1, 'hello', 3.3]
```

잠시 정리를 하면, 리스트를 포함하여 우리가 지금까지 접한 데이터의 종류는 다음과 같이 세 가지이다.(문자열도 데이터의 한 종류인데 이는 잠시 후에 포함시키겠다.)

- int형 데이터   ex) 3, 5, 7, 9
- float형 데이터   ex) 2.2, 4.4, 6.6, 8.8
- 리스트형 데이터   ex) [3, 5, 7, 9], [2.2, 4.4, 6.6, 8.8]

이렇듯 데이터의 종류를 정리한 이유는, 파이썬이 데이터로 인식하는 것들의 종류를 아는 것이 중요하기 때문이다. 따라서 앞으로도 새로운 유형의 데이터가 등장할 때마다 위와 같이 정리해 나가겠다.

05-3 리스트형 데이터의 연산: 인덱싱 연산

앞서 int형 그리고 float형 값을(데이터를) 가지고 다음 연산들을 진행해 보았다.

+	덧셈
-	뺄셈
*	곱셈
**	거듭제곱
/	실수형 나눗셈
//	정수형 나눗셈
%	나머지가 얼마?

그런데 리스트형 데이터를 대상으로도 다음과 같이 덧셈 연산을 할 수 있다.

```
>>> [1, 2, 3] + [4, 5]      # 두 리스트를 합한 결과를 반환
[1, 2, 3, 4, 5]
```

그리고 다음과 같이 곱셈 연산도 할 수 있다.

```
>>> [1, 2, 3] * 2        # 리스트의 내용을 두 배 늘린 결과를 반환
[1, 2, 3, 1, 2, 3]
```

덧셈의 결과는 두 리스트의 합이고, 곱셈의 결과는 리스트를 곱의 수만큼 늘린 것이다. 그런데 리스트를 대상으로는 이들 곱셈과 덧셈보다 중요한 연산이 둘 있으니 이는 다음과 같다.

[ ]	인덱싱(indexing) 연산
[:]	슬라이싱(slicing) 연산

먼저 인덱싱 연산이 무엇인지 보이겠다.

```
>>> st = [1, 2, 3, 4, 5]
>>> n1 = st[0]        # 첫 번째 값을 꺼내서 n1에 저장
>>> n2 = st[4]        # 다섯 번째 값을 꺼내서 n2에 저장
>>> print(n1, n2)
1 5
```

위 예에서 변수 st에 리스트를 담았다. 그리고 이 변수를 대상으로 다음 연산을 진행하였다.

    n1 = st[0]   # st[0]을 n1에 저장

이 연산이 갖는 의미는 다음과 같다. (결국 =의 오른쪽에 있는 값을 가져다 =의 왼쪽에 넣은 것이다.)

    "변수 st에 담긴 리스트에서 첫 번째 값을 꺼내서 변수 n1에 저장해라."

마찬가지로 다음 연산이 의미하는 바는,

    n2 = st[4]   # st[4]를 n2에 저장

다음과 같다. 물론 이때 값을 꺼냈다고 해서 그 값이 리스트에서 사라지는 것은 아니다.

    "변수 st에 담긴 리스트에서 다섯 번째 값을 꺼내서 변수 n2에 저장해라."

즉 '인덱싱 연산'이란 리스트에 담겨 있는 값들 중 하나를 참조하는 연산이다. 그리고 인덱싱 연산에서 리스트의 첫 번째 값을 가리킬 때는 1이 아니라 0을 사용한다. 그리고 두 번째 값을 가리킬 때에는 2가 아니라 1을 사용한다. 이렇듯 인덱싱 연산에서 0은 맨 앞을 의미한다.

1	2	3	4	5
st[0]	st[1]	st[2]	st[3]	st[4]

[그림 05-1: st = [1, 2, 3, 4, 5]의 결과]

지금까지는 인덱싱 연산을 이용한 '값의 꺼냄'의 예를 보였는데, 인덱싱 연산은 '값의 수정'에도 사용할 수 있다. 이와 관련해서 다음 예를 보자.

```
>>> st = [1, 2, 3, 4, 5]
>>> st[0] = 5        # 5를 st[0]에 저장
>>> st[4] = 1        # 1을 st[4]에 저장
>>> st
[5, 2, 3, 4, 1]
```

위 예의 다음 두 문장이 의미하는 바는,

```
st[0] = 5            # 첫 번째 값을 5로 수정
st[4] = 1            # 다섯 번째 값을 1로 수정
```

각각 다음과 같다.

"st에 담긴 리스트의 첫 번째 값을 5로 수정해라."

"st에 담긴 리스트의 다섯 번째 값을 1로 수정해라."

정리하면, 다음과 같이 st[0]가 =의 오른 편에 오면 '값의 꺼냄'을 의미하고,

```
num = st[0]          # st[0]의 값 꺼냄!
```

다음과 같이 =의 왼편에 오면 '값의 수정'을 의미한다.

```
st[0] = 5            # st[0]에 값 저장!
```

그러나 두 경우 모두 =의 오른쪽에 있는 값을 가져다 =의 왼쪽에 넣는 것이므로 = 연산의 관점에서 보면 이 둘은 차이가 없다. 그리고 인덱싱 연산은 다음과 같이 진행할 수도 있다.

```
>>> st = [1, 2, 3, 4, 5]
>>> print(st[0], st[2], st[4])    # st[0], st[2], st[4]의 값을 print 함수에 전달
1 3 5
```

위의 경우 print 함수 호출에 앞서 st[0], st[2], st[4]가 의미하는 값을 꺼내게 된다. 즉 다음과 같이 값을 꺼낸 상태에서 print 함수가 호출된다.

```
print(st[0], st[2], st[4])     ⇨     print(1, 3, 5)
```

그리고 [ ] 사이에 등장하는 값을 가리켜 '인덱스 값'이라 하는데, 이 용어는 자주 등장하므로 기억해 두기 바란다. 이왕이면 다음과 같이 기억해 두면 좋겠다.

"인덱스 값은 0부터 시작하는, 위치를 가리키는 값이다."

그럼 이어서 다음 예를 보자. 이 예에서는 인덱스 값으로 음수가 올 수 있음을 보이는데, 출력 결과를 보면서 이것이 의미하는 바가 무엇인지 짐작해보자.

```
>>> st = [1, 2, 3, 4, 5]
>>> print(st[-1], st[-2], st[-3])     # 인덱스 값으로 음수가 사용되었다.
5 4 3
```

리스트에 저장된 첫 번째 값을 기준으로, 인덱스 값이 양수이면 오른쪽으로, 음수이면 그 반대로 접근을 하게 된다. 따라서 리스트의 길이(저장된 값의 수)에 상관없이, 인덱스 값이 0이면 첫 번째 값에 접근하듯이, 인덱스 값이 −1이면 마지막 값에 접근하게 된다.

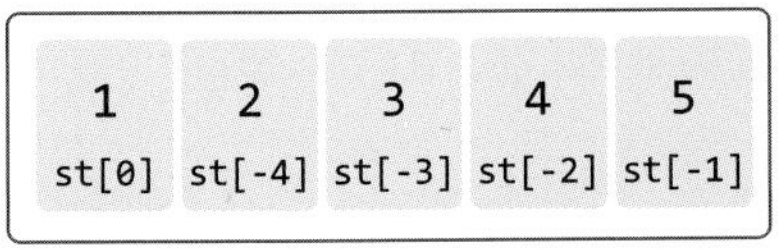

[그림 05-2: st = [1, 2, 3, 4, 5]의 음수 인덱스 값]

[연습문제 05-1]

■ 문제 1
프롬프트상에서 다음과 같이 리스트를 선언하고, 인덱싱 연산을 이용해서 이 리스트에 담긴 내용을 하나씩 차례로 출력해보자.
```
>>> st = [1, 2, 3, 4]
```

■ 문제 2
프롬프트상에서 다음과 같이 리스트를 선언하고, 인덱싱 연산을 이용해서 이 리스트에 담긴 내용을 하나씩 출력해보자. 단, 이번에는 인덱스 값을 음수만 사용하자.

```
>>> st = [1, 2, 3, 4]
```

■ **문제 3**

프롬프트상에서 다음과 같이 리스트를 선언하고, 이 리스트에 담긴 값을 모두 1씩 증가시켜보자.

```
>>> st = [1, 2, 3, 4]
```

이번에도 인덱싱 연산을 통해서 값을 증가시키면 된다. 즉 총 네 번의 인덱싱 연산을 통해서 하나씩 값을 증가시키면 된다.

■ **문제 4**

프롬프트상에서 다음과 같이 리스트를 선언하고, 이 리스트에 담긴 값을 모두 1씩 증가시켜보자.

```
>>> st = [1, 2, 3, 4, 5, 6, 7, 8, 9, 10]
```

그런데 이번에는 리스트 안에 담겨 있는 값이 많다. 총 10개다. 따라서 for 루프를 이용해서 이 문제를 해결해보자. 이는 10회 반복하는 for 루프를 작성하면 쉽게 해결할 수 있는 문제이다. (만약에 해결하지 못했다면 답을 보고서 이해하고 기억하자!)

■ **문제 5**

프롬프트상에서 다음과 같이 리스트를 선언하고, 첫 번째 값과 마지막 값을 교환하는 문장을 만들어보자.

```
>>> st = [1, 2, 3, 4, 5, 6]
```

다음과 같이 실행하면 두 변수에 저장된 값이 서로 바뀐다는 사실을 근거로 이 문제를 해결해보자. 참고로 다음과 같이 하면 두 변수에 저장된 값이 교환됨은 1장에서 소개하였다.

```
>>> x, y = 2, 7
>>> x, y = y, x          # x와 y에 저장된 값의 교환
>>> print(x, y)
7 2
```

답안은 출판사 홈페이지 및 저자 카페를 통해 제공합니다.

05-4 | 리스트형 데이터의 연산: 슬라이싱 연산

리스트를 대상으로 하는 다음 '슬라이싱 연산'도 앞서 설명한 '인덱싱 연산'과 상당 부분 유사하다.

[:]　　　　슬라이싱(slicing) 연산

인덱싱 연산이 리스트에 속한 값들 중 딱 하나만을 대상으로 하는 연산이라면, 슬라이싱 연산은 리스트에 속한 값들 중 하나 이상의 값을 묶어서 이들을 대상으로 하는 연산이다. 그럼 이와 관련해서 다음 예를 보자.

```
>>> st1 = [1, 2, 3, 4, 5, 6, 7, 8, 9]
>>> st2 = st1[2:5]     # st1[2:5]를 꺼내 st2에 저장
>>> st2
[3, 4, 5]
```

위 예의 다음 문장이 의미하는 바는,

　st2 = st1[2:5]　　　# st1[2] ~ st1[4]까지 꺼내서 st2에 저장

다음과 같다.

　"st1[2]부터 st1[4]까지의 값을 꺼내서 st2에 리스트 형태로 저장해라."

위의 예에서 주의할 부분은 st1[2] ~ st1[4]의 값을 꺼냈다는 사실이다. 즉 st1[2:5]를 다음과 같이 해석해야 한다.

　st1[2]의 값부터 st1[5] 바로 앞의 값까지…

그리고 인덱싱 연산과 마찬가지로 슬라이싱 연산도 '값의 꺼냄'뿐 아니라 '값의 수정'에도 사용할 수 있다. 예를 들어서 다음의 리스트가 존재한다고 가정해보자.

　st = [1, 2, 3, 4, 5, 6, 7, 8, 9]

위의 리스트에서 중간 부분에 위치한 3, 4, 5를 빼고 대신에 0을 다섯 개 넣고자 한다면 다음과 같이 하면 된다.

```
>>> st = [1, 2, 3, 4, 5, 6, 7, 8, 9]
>>> st[2:5] = [0, 0, 0, 0, 0]     # st[2:5]의 위치에 [0, 0, 0, 0, 0] 넣기
>>> st
[1, 2, 0, 0, 0, 0, 0, 6, 7, 8, 9]
```

이렇듯 슬라이싱 연산의 '값의 수정'은 '부분 교체'로 볼 수 있다. 그리고 위에서 보였듯이 부분 교체를 할 때 값의 개수가 같을 필요는 없다. 더 많아도 되고 더 적어도 된다.

05-5 슬라이싱 연산에서 생략 가능한 부분

슬라이싱 연산에서 리스트의 '시작' 또는 '끝'의 인덱스 값을 넣어야 하는 경우 이에 대한 정보는 생략할 수 있다. 예를 들어서 다음과 같이 리스트의 첫 번째 위치의 값부터 교체를 진행할 경우,

```
>>> st = [1, 2, 3, 4, 5]
>>> st[0:3] = [0, 0, 0]     # 리스트의 첫 번째 위치의 값부터 교체에 들어간다.
>>> st
[0, 0, 0, 4, 5]
```

다음과 같이 첫 번째 위치의 인덱스 값인 0을 생략해서 쓸 수 있다.

```
>>> st = [1, 2, 3, 4, 5]
>>> st[:3] = [0, 0, 0]      # 리스트의 첫 번째 위치의 값을 의미하는 0 생략!
>>> st
[0, 0, 0, 4, 5]
```

그리고 마지막 위치의 값까지 교체할 경우 마지막에 해당하는 인덱스 값도 생략할 수 있다.

```
>>> st = [1, 2, 3, 4, 5]
>>> st[2:] = [0, 0, 0]    # 인덱스 값 2의 위치부터 마지막까지 [0, 0, 0]으로 교체
>>> st
[1, 2, 0, 0, 0]
```

따라서 리스트 전체를 교체하는 경우 다음과 같이 둘 다 생략하는 것도 가능하다.

```
>>> st = [1, 2, 3, 4, 5]
>>> st[:] = [0, 0, 0, 0, 0]      # 리스트 전체를 [0, 0, 0, 0, 0]으로 교체
>>> st
[0, 0, 0, 0, 0]
```

그리고 앞서 슬라이싱 연산을 이용한 리스트의 부분 교체에서 교체할 값의 수는 일치하지 않아도 됨을 확인하였다. 즉 다음과 같이 리스트 전체를 0 하나로 교체하는 것도 가능하다.

```
>>> st = [1, 2, 3, 4, 5]
>>> st[:] = [0]     # 리스트 전체를 0 하나로 교체
>>> st
[0]
```

그리고 다음과 같이 텅 빈 리스트도 만들 수도 있는데,

```
>>> st = []        # 텅 빈 리스트 생성
>>> st
[]
```

이러한 빈 리스트를 이용해서 다음과 같이 리스트 전체의 내용을 지워버릴 수도 있다.

```
>>> st = [1, 2, 3, 4, 5]
>>> st[:] = []        # 리스트 전체 내용 삭제
>>> st
[]
```

리스트에 담겨 있는 내용을 빈 리스트로 대체했으니 결과적으로 리스트에 저장된 내용은 전부 지워져 버린다.

05-6 리스트에서 두 칸씩 뛰면서 저장된 값들 꺼내기

이제 슬라이싱 연산관 관련된 마지막 설명이다. 일단 다음과 같이 선언된 리스트가 있다고 가정해보자.

    st1 = [1, 2, 3, 4, 5, 6, 7, 8, 9, 10, 11, 12, 13, 14, 15]

이 리스트를 대상으로 인덱스 값이 0 ~ 8인 위치의 값들만 뽑아내려면 다음과 같이 하면 된다. (이는 이미 설명한 내용이다.)

```
>>> st1 = [1, 2, 3, 4, 5, 6, 7, 8, 9, 10, 11, 12, 13, 14, 15]
>>> st2 = st1[0:9]          # st1[0] ~ st2[8]까지
>>> st2
[1, 2, 3, 4, 5, 6, 7, 8, 9]
```

그리고 다음 그림에서 보이듯이 인덱스 값이 0 ~ 8인 위치의 값들 중에서 두 칸씩 뛰면서 값을 뽑아내려면,

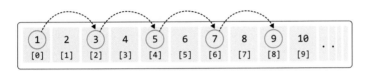

[그림 05-3: 두 칸씩 뛰며 값을 뽑아내려면]

다음과 같이 하면 된다.

```
>>> st1 = [1, 2, 3, 4, 5, 6, 7, 8, 9, 10, 11, 12, 13, 14, 15]
>>> st2 = st1[0:9:2]        # st1[0] ~ st2[8]까지 2칸씩 뛰면서
>>> st2
[1, 3, 5, 7, 9]
```

물론 세 칸씩 뛰면서 값을 뽑아내려면 위의 예에서 2를 3으로만 바꾸면 된다. 다음과 같이 말이다.

```
>>> st1 = [1, 2, 3, 4, 5, 6, 7, 8, 9, 10, 11, 12, 13, 14, 15]
>>> st2 = st1[0:9:3]        # st1[0] ~ st2[8]까지 3칸씩 뛰면서
>>> st2
[1, 4, 7]
```

[연습문제 05-2]

■ 문제 1

다음 리스트를 대상으로 2와 4를 삭제하는 문장을 만들어 보자. (이 경우 2와 4를 삭제하려는 노력보다 2, 3, 4를 3 하나로 교체하려는 노력을 해보면 어떨까?)

```
st = [1, 2, 3, 4, 5]
```

■ 문제 2

다음 리스트를 대상으로 3과 4 사이에 3.5를 넣어보자. (이 경우 값을 끼워 넣을 생각을 하지 말고 일부 내용을 교체할 생각을 해보면 어떨까?)

```
st = [1, 2, 3, 4, 5]
```

■ 문제 3

다음 리스트를 대상으로 2, 3, 4를 삭제해보자.

```
st = [1, 2, 3, 4, 5]
```

이 문제를 해결하는 방법에는 몇 가지가 있는데, 여기서는 빈 리스트로 2, 3, 4를 대체하는 방법을 선택하자.

■ 문제 4

다음 리스트에 담겨 있는 값을 전부 지워보자. 즉 다음 리스트를 텅 빈 리스트로 만들어보자.

```
st = [1, 2, 3, 4, 5]
```

■ 문제 5

다음 리스트를 대상으로 홀수 번째 위치에 저장된 값들만 뽑아서 새로운 리스트를 만들어 변수 nt에 저장하는 코드를 작성해보자. 그러니까 다음 리스트를 통해서 새로 만들어야 할 리스트는 [1, 3, 5, 7, 9]이다.

```
st = [1, 2, 3, 4, 5, 6, 7, 8, 9, 10]
```

■ 문제 6

다음 리스트를 대상으로 짝수 번째 위치에 저장된 값들만 뽑아서 새로운 리스트를 만들어 변수 nt에 저장하는 코드를 작성해보자. 그러니까 다음 리스트를 통해서 새로 만들어야 할 리스트는 [2, 4, 6, 8, 10]이다.

```
st = [1, 2, 3, 4, 5, 6, 7, 8, 9, 10]
```

답안은 출판사 홈페이지 및 저자 카페를 통해 제공합니다.

05-7 스트링형 데이터: 문자열

파이썬에서 문자열을 표현하는 방법은 다음과 같이 큰따옴표로 묶는 것이다.

```
>>> "Happy birthday to you"
'Happy birthday to you'
```

그런데 다음과 같이 작은따옴표로 묶어서 문자열을 표현할 수도 있다. 그래서 위의 경우 문자열을 큰따옴표로 묶었지만 출력 결과에서는 작은따옴표로 묶어서 출력되었다. (무엇으로 문자열을 묶던 차이는 없다.)

```
>>> 'Happy birthday to you'
'Happy birthday to you'
```

그리고 문자열은 그 자체로 문자들을 묶어 놓은 데이터이다. 그래서 다음과 같이 숫자를 묶어서 문자열을 표현하면, 이는 정수가 아닌 문자들의 모임 즉 문자열로 인식이 된다.

```
>>> "235"
'235'
```

그럼 문자열도 파이썬이 인식하는 데이터의 한 종류임을 확인하기 위해서, 더불어 문자열의 데이터형을 확인하기 위해서 문자열을 전달하면서 type 함수를 호출해보자.

```
>>> type('what1')      # 작은따옴표로 묶은 문자열
<class 'str'>
>>> type("what2")      # 큰따옴표로 묶은 문자열
<class 'str'>
```

위의 type 함수 호출 결과로 출력된 〈class 'str'〉은 전달된 값이 '스트링형 데이터'임을 의미한다. ('스트링형 데이터'라는 표현보다 '문자열'이라는 표현을 많이 쓴다.) 이로써 지금까지 파이썬을 통해 접한 데이터의 종류는 다음과 같이 네 가지가 되었다.

- int형 데이터　　　　　　　ex) 3, 5, 7, 9
- float형 데이터　　　　　　ex) 2.2, 4.4, 6.6, 8.8
- 리스트형 데이터　　　　　　ex) [3, 5, 7, 9], [2.2, 4.4, 6.6, 8.8]
- 스트링형 데이터　　　　　　ex) "I am a boy", 'You are a girl'

그리고 느꼈는지 모르겠지만, 문자열은 리스트와 다음 측면에서 상당히 유사하다.

　"하나 이상의 값을 묶어서(모아서) 만들어지는 데이터"

예를 들어서 3과 5라는 값을 묶어서 리스트를 만들 수 있는 것처럼,

```
>>> [3, 5]
[3, 5]
```

문자 A와 Z를 묶어서 다음과 같은 문자열을 만들 수 있다.

```
>>> "AZ"
'AZ'
```

이렇듯 리스트와 문자열은 상당 부분 유사하기 때문에 리스트를 대상으로 했던 연산 대부분을 문자열을 대상으로도 할 수 있다. 그럼 먼저 덧셈 연산의 예와 그 결과를 보이겠다.

```
>>> [1, 2] + [3, 4]      # 두 리스트를 합한(연결한) 결과가 만들어진다.
[1, 2, 3, 4]
>>> "Hello" + "Everybody"     # 두 문자열을 합한(연결한) 결과가 만들어진다.
'HelloEverybody'
```

다음은 곱셈 연산의 예와 그 결과이다.

```
>>> [1, 2] * 3     # 리스트를 세 배 늘린 결과가 만들어진다.
[1, 2, 1, 2, 1, 2]
>>> "AZ" * 3      # 문자열을 세 배 늘린 결과가 만들어진다.
'AZAZAZ'
```

그리고 리스트와 마찬가지로 문자열을 가지고도 '인덱싱 연산'과 '슬라이싱 연산'을 할 수 있다. 물론 연산의 방식과 결과도 완전히 동일하다. 그럼 먼저 인덱싱 연산의 예를 보이겠다.

```
>>> st = [1, 2, 3, 4, 5]
>>> st[2]          # 세 번째 위치의 값만 뽑아 냄
3
>>> str = "SIMPLE"
>>> str[2]           # 세 번째 위치의 값만(문자만) 뽑아 냄
'M'
```

다음은 슬라이싱 연산의 예이다.

```
>>> st = [1, 2, 3, 4, 5, 6, 7]
>>> st[2:5]        # 인덱스 값이 2 ~ 4인 위치의 값들 뽑아 냄
[3, 4, 5]
>>> str = "SIMPLEST"
>>> str[2:5]         # 인덱스 값이 2 ~ 4인 위치의 값들(문자들) 뽑아 냄
'MPL'
```

단, 리스트와 달리 문자열은 그 내용을 바꾸지 못한다. (이거 매우 중요한 사실이다.) 따라서 다음과 같이 문자열의 일부를 바꾸는 연산을 하면 오류가 발생한다.

```
>>> str = "Happy"
>>> str[0] = "D"      # 이렇게 문자열의 일부를 바꿀 수 없다니까!
Traceback (most recent call last):
  File "<pyshell#1>", line 1, in <module>
    str[0] = 'D'
TypeError: 'str' object does not support item assignment
```

이 사실에 주의하자. 문자열은 리스트와 달리 그 내용을 바꾸지 못한다는 사실 말이다.

[연습문제 05-3]

다음 예의 실행 결과를 보자.

```
>>> str = "Hello"
>>> str = str + "Python"
>>> str
'HelloPython'
```

이는 str이 갖고 있던 문자열에 "Python"을 뒤에 이어 새로운 문자열을 만드는 과정이다. 특히 다음 문장이 그 역할을 한다.

```
str = str + "Python"
```

그런데 앞서 4장에서 우리는 += 연산자에 대해 공부했으니, 위의 문장을 += 연산자를 이용하는 형태로 바꿔 보기 바란다.

답안은 출판사 홈페이지 및 저자 카페를 통해 제공합니다.

05-8 ⚬ 리스트와 for 루프 그리고 문자열과 for 루프

리스트와 문자열은 비슷한 면이 많다. 연산의 방법과 그 결과도 비슷하다. 그래서 이 둘을 비교하며 공부하는 것은 의미가 있다. 그럼 다음 for 루프를 보자.

```
>>> for i in [1, 2, 3]:
        print(i, end = ' ')

1 2 3
```

이렇듯 for 루프의 구성에 리스트를 사용하듯이, 문자열을 이용해서 for 루프를 구성하는 것도 가능하다.

```
>>> for i in 'Happy':
        print(i, end = ' ')

H a p p y
```

위의 경우 문자열 'Happy'의 문자가 변수 i에 하나씩 저장되면서 반복이 진행된다. 따라서 필요하다면 문자열을 대상으로 얼마든지 for 루프를 구성할 수 있다.

05-9 리스트와 문자열을 인자로 전달받는 함수 len

이번에는 함수를 하나 소개하겠다. 이 함수는 리스트 또는 문자열과 관련해서 매우 유용하게 그리고 자주 사용되는 함수이다.

len(s)   리스트 s의 길이(저장된 값의 수) 반환

이 함수에 리스트가 담긴 변수 또는 리스트 자체를 전달하면 리스트에 저장된 값의 개수를 세어서 이를 반환해준다. 물론 문자열을 전달하면 문자열을 이루는 문자의 개수를 세어서 이를 반환해준다.

```
>>> st = [1, 2, 3]
>>> len(st)      # st에 몇 개의 값이 저장되어 있는가?
3
>>> sr = 'HaHaHa~'
>>> len(sr)      # sr의 문자열 길이는?
7
```

위의 예에서는 len 함수가 반환하는 값을 따로 변수에 저장하지 않았다. 그래서 그 값이 그냥 출력되었는데, 필요하다면 다음과 같이 반환되는 값을 저장할 수도 있다.

```
>>> st = [1, 2, 3]
>>> n = len(st)
>>> n
3
```

05-10 리스트와 문자열을 인자로 전달하고 반환하기

앞서 우리는 다음과 같이 int형 값을 전달받거나 반환하는 함수를 만든 바 있다.

```
>>> def so_simple1(num):        # 매개변수 num을 통해 값을 받음
        return num + 1          # num + 1의 결과 반환

>>> n = so_simple1(7)           # 함수 호출하면서 7 전달, 그리고 반환되는 값 n에 저장
>>> n
8
```

이와 마찬가지로 다음과 같이 함수의 매개변수에 리스트도 인자로 전달할 수 있다.

```
>>> def so_simple2(st):
        print(st)       # 매개변수 st로 전달된 대상을 출력함

>>> so_simple2([1, 3, 5])       # 리스트를 전달하면서 함수 호출
[1, 3, 5]
```

뿐만 아니라 다음과 같이 함수 내에서 리스트를 반환할 수도 있다.

```
>>> def so_simple3():
        st = [1, 2, 3, 4, 5]
        return st       # 리스트를 반환한다.

>>> r = so_simple3()            # 반환되는 리스트를 변수 r에 저장
>>> r
[1, 2, 3, 4, 5]
```

이는 문자열의 경우도 마찬가지다. 다음 예에서 보이듯이 문자열도 함수에 전달이 가능하고 또 반환도 가능하다. (사실 우리는 이미 문자열을 함수의 인자로 전달해 본 경험이 있다.)

```
>>> def so_simple4(s):
        print(s)
        return "Bye~"     # 문자열 "Bye~"를 반환

>>> r = so_simple4("Hello")  # 문자열 "Hello"를 전달, 그리고 반환되는 값 r에 저장
Hello
>>> r     # 반환된 결과물 출력함
'Bye~'
```

[연습문제 05-4]

■ 문제 1

리스트에 저장되어 있는 모든 값의 합을 계산해서 그 결과를 반환하는 함수를 만들어보자. 예를 들어서 함수의 이름이 sum_all이라 하면, 다음과 같은 실행 결과를 보여야 한다.

```
>>> sum_all([1, 2, 3, 4, 5])     # 전달된 리스트 [1, 2, 3, 4, 5]에 저장된 모든 값의 합은?
15
```

■ 문제 2

인자로 전달된 리스트에 저장되어 있는 모든 값들을 역순으로 출력하는 함수를 만들어보자. 예를 들어서 함수의 이름이 show_reverse라고 하면, 다음과 같은 실행 결과를 보여야 한다.

```
>>> show_reverse([1, 2, 3, 4, 5])
5 4 3 2 1
```

함수를 잘 만들었다면 다음과 같이 문자열을 대상으로도 동작을 하니, 다음과 같이 문자열을 대상으로도 동작하는지 확인해보기 바란다.

```
>>> show_reverse("ABCDEFG")
G F E D C B A
```

답안은 출판사 홈페이지 및 저자 카페를 통해 제공합니다.

Chapter **06**

리스트와 문자열의 함수들

06-1. 리스트와 함수들

06-2. 두 가지 유형의 함수가 갖는 특징들

06-3. 문자열과 함수들

06-4. 문자열의 탐색 관련 함수들

06-5. 문자열의 일부로 포함이 되는 이스케이프 문자

06-6. 함수가 아닌 del명령

06-1   리스트와 함수들

지금까지 우리가 함수를 호출하는 방식은 다음과 같았다.

```
>>> st = [1, 3, 5, 7, 9]
>>> num = len(st)       # len 함수는 리스트에 저장된 값의 개수를 반환
>>> num
5
```

이러한 유형의 함수 몇을 len 함수와 더불어 소개하면 다음과 같다.

len(s)   리스트 s의 길이(저장된 값의 수) 반환
min(s)   리스트 s에 저장된 값 중에서 가장 작은 값 반환
max(s)   리스트 s에 저장된 값 중에서 가장 큰 값 반환

위 함수들의 호출 결과는 다음 예를 참조하자.

```
>>> st = [2, 5, 3, 7, 4]
>>> min(st)      # 가장 작은 값 반환
2
>>> max(st)      # 가장 큰 값 반환
7
```

그런데 이러한 방법 말고 다음과 같이 함수를 호출하는 방법도 있다.

```
>>> st = [1, 2, 3]
>>> st.remove(2)     # 리스트에서 2를 찾아서 삭제
>>> st
[1, 3]
```

위의 예에서는 다음 방식으로 remove 함수를 호출해서, 리스트에 저장되어 있던 값 2를 삭제하였다. 여기서 변수 이름 옆에 점을 찍고 remove 함수를 호출했다는 사실에 주목하자!

```
st.remove(2)
```

위의 remove 함수 호출은 그 모양새가 지금까지 봐왔던 함수 호출과 조금 다르다. 자! 그럼 이러한 유형의 함수 호출이 의미하는 바를 설명하겠다. 먼저 다음 리스트를 보자.

```
st = [1, 2, 3]
```

변수 st에 담긴 리스트는 다음과 같은 모양이라고 생각할 수 있다. (둥근 사각형이 리스트이고 안에 있는 숫자들을 리스트의 내용물로 바라보자.)

```
1, 2, 3
```
[그림 06-1: 리스트의 내부에 대한 생각]

그러나 사실 리스트는 다음과 같이 채워져 있다. 리스트 안에 '값'만 존재하는 게 아니라 '함수'도 존재한다.

```
1, 2, 3
remove(x)
```
[그림 06-2: 실질적인 리스트의 내부]

위와 같이 데이터와(값과) 함수가 묶여서 존재하는 덩어리를 가리켜 '객체(object)'라 한다. 그러니까 리스트는 사실 '객체'이다.

　"리스트는 함수와 데이터가 함께 존재하는 객체이다."

그리고 객체 안에 존재하는 함수를 호출하는 방법은 다음과 같다.

```
>>> st = [1, 2, 3]
>>> st.remove(2)      # st에 저장된 객체의(리스트의) remove 함수 호출
```

위와 같이 호출하면, st에 저장된 객체의 remove 함수가 호출된다. 그리고 객체 안에 존재하는 함수는 같은 객체에 저장되어 있는 데이터를 대상으로 일을 한다.

"객체 안에 존재하는 함수는 같은 객체에 있는 데이터를 대상으로 일을 한다."

그러니까 위에서 st에 저장된 리스트를 대상으로 remove(2)를 호출했으니, st의 리스트에서 2를 지워서 다음의 상태가 되게 한다.

```
1, 3
remove(x)
```

[그림 06-3: 삭제 후 리스트 내부]

그리고 위 그림에서는 리스트에 remove 함수만 있는 것처럼 표현했지만, 사실 다음과 같은 함수들이 함께 존재한다. (이들 모두를 외울 필요는 없고 필요할 때 참고할 수 있는 정도로만 기억해 두면 된다.)

s.append(x)   리스트 s의 끝에 x를 추가
s.extend(t)   리스트 s의 끝에 리스트 t의 내용 전부를 추가
s.clear()   리스트 s의 내용물 전부 삭제
s.insert(i, x)   s[i]에 x를 저장
s.pop(i)   s[i]를 반환 및 삭제
s.remove(x)   리스트 s에서 제일 앞에 등장하는 x를 하나만 삭제
s.count(x)   리스트 s에 등장하는 x의 개수 반환
s.index(x)   리스트 s에 처음 등장하는 x의 인덱스 값 반환

그럼 먼저 다음 예를 통해 append와 extend의 기능을 보이겠다. (이후로 잠시 동안 '함수'라는 표현을 생략하겠다. 예를 들어서 'append 함수'를 그냥 'append'라 하겠다.) 이 예에서 보이듯이 append는 하나의 값을 추가할 때 사용되고 extend는 다른 리스트의 내용 전체를 추가할 때 사용된다.

```
>>> st = [1, 2, 3]
>>> st.append(4)        # st의 끝에 4 추가
>>> st.extend([5, 6])   # st의 끝에 [5, 6]의 내용 추가
>>> st
[1, 2, 3, 4, 5, 6]
```

다음은 원하는 위치에 값을 추가하는 insert와 리스트 내용 전부를 삭제하는 clear의 예이다.

```
>>> st = [1, 2, 4]
>>> st.insert(2, 3)       # 인덱스 값 2의 위치에 3 저장
>>> st
[1, 2, 3, 4]
>>> st.clear()      # 리스트 내용 전부 삭제
>>> st
[]
```

위의 예에서는 insert를 통해 인덱스 2의 위치에 값을 저장하였다. 그러면 이 위치에 있던 값이 덮어써지는 것이 아니라, 이 위치부터 시작해서 그 뒤에 저장된 모든 값들이 뒤로 한 칸씩 밀리게 된다. 이어서 다음은 빈 리스트를 만든 다음에 append를 통해 값을 추가하는 예이다.

```
>>> st = []       # 빈 리스트 생성
>>> st.append(1)     # 리스트에 1 추가
>>> st.append(9)     # 리스트에 9 추가
>>> st
[1, 9]
```

다음은 값의 삭제에 사용되는 pop과 remove의 예이다. 이 둘의 차이점은 pop은 삭제할 때 위치를 지정하는 반면 remove는 삭제할 값을 명시한다는 점이다.

```
>>> st = [1, 2, 3, 4, 5]
>>> st.pop(0)    # 인덱스 값 0의 위치에 저장된 데이터 삭제
1
>>> st
[2, 3, 4, 5]
>>> st.remove(5)     # 리스트에서 5를 삭제
>>> st
[2, 3, 4]
```

위의 예에서 pop이 호출되자 삭제한 내용이 출력되었다. 이는 pop이 삭제한 대상을 반환하기 때문에 나타난 결과이다. 반면 remove는 삭제한 대상을 반환하지 않기 때문에 별다른 출력으로 이어지지 않았다.

마지막으로 특정 데이터의 등장 횟수 또는 등장 위치를 반환하는 count와 index의 예를 보이겠다.

```
>>> st = [1, 2, 3, 1, 2]
>>> st.count(1)        # 1이 몇 번 등장하는지 세어라.
2
>>> st.index(2)        # 처음 2가 등장하는 위치의 인덱스 값은?
1
```

[연습문제 06-1]

■ 문제 1

다음은 빈 리스트를 만들어서 그 안에 1, 2, 3을 넣었다가 넣은 순서대로 꺼내는 코드의 실행 흐름이다.

```
>>> st = []         # 빈 리스트 생성
>>> _____        # 리스트에 1 추가
>>> _____        # 리스트에 2 추가
>>> _____        # 리스트에 3 추가
>>> st
[1, 2, 3]
>>> _____        # 리스트에서 1 삭제
1
>>> _____        # 리스트에서 2 삭제
2
>>> _____        # 리스트에서 3 삭제
3
>>> st
[]
```

위의 실행 흐름이 완성되도록 빈칸에 문장들을 채워 넣자.

■ 문제 2

위의 문제 1에서는 리스트에 다음 순서대로 값을 저장하고 꺼냈다.

저장 순서   1, 2, 3
꺼낸 순서   1, 2, 3

이번에는 다음 순서대로 값을 저장하고 꺼내도록 코드를 작성해보자.

저장 순서   1, 2, 3
꺼낸 순서   3, 2, 1

즉, 문제 1에서와 달리 값을 뒤에서부터 꺼내는 코드를 작성하라는 뜻이다. 조금 힌트를 주자면, pop 함수에 전달하는 인덱스 값은 음수도 가능하다.

■ 문제 3

앞서 본문에서 리스트에 저장된 내용 전부를 삭제하는 clear 함수를 소개하였다. 그리고 그 사용방법은 다음과 같다.

```
>>> st = [1, 2, 3, 4]
>>> st.clear()
>>> st
[]
```

그런데 이렇듯 리스트에 저장된 값을 싹 비우는 방법을 앞서 5장에서도 소개한 바 있다. 슬라이싱 연산을 이용하는 방법인데, 이 방법을 이용하는 형태로 위의 코드를 수정해보자.

■ 문제 4

빈 리스트를 만들어서 그 안에 1부터 10까지 넣었다가, 다시 1부터 10까지 꺼내는(삭제하는) 코드를 만들어보자. 단 이번에는 넣고 꺼내야 할 값이 많으니 for 루프를 이용하는 형태로 코드를 작성해보자.

■ 문제 5

빈 리스트를 만들어서 그 안에 1부터 10까지 넣었다가, 다시 10부터 1까지 꺼내는(삭제하는) 코드를 만들어보자. 이번에도 문제 4와 마찬가지로 for 루프를 이용하자.

■ 문제 6

다음은 하나의 리스트에 다른 리스트의 값 전부를 추가하는 코드이다.

```
>>> st = [1, 2]
>>> st.extend([3, 4, 5])      # 이 문장을 바꾸는 것이 문제!
```

```
>>> st
[1, 2, 3, 4, 5]
```

위의 예에서는 extend 함수를 사용했는데, 이를 슬라이싱 연산을 이용하는 형태로 수정해보자. 참고로 다음 리스트에는 세 번째 값이 없다.

```
st = [1, 2]
```

그러나 다른 리스트의 값 전부를 추가할 때에는 세 번째 값이 있다고 가정하고 슬라이싱 연산을 진행하면 된다. 즉 세 번째 값을 리스트 [3, 4, 5]의 내용으로 교체하는 슬라이싱 연산문을 작성하면 된다.

답안은 출판사 홈페이지 및 저자 카페를 통해 제공합니다.

06-2   두 가지 유형의 함수가 갖는 특징들

다음과 같이 두 가지 유형의 함수가 존재한다는 사실을 알았다.

- 객체 안에 있는 함수
- 객체 밖에 있는 함수

우리는 '객체 밖에 있는 함수'는 만들 줄 알지만 '객체 안에 있는 함수'는 만들 줄 모른다. 그러나 본서 뒷부분에서 설명하니 지금은 만드는 방법은 신경 쓰지 말자. 그렇다면 두 종류의 함수 각각이 갖는 특징은 무엇일까? 일단 '객체 안에 있는 함수'들은 해당 객체만을 대상으로 동작한다는 특징이 있다. 이러한 내용을 조금 전문적인 용어를 써서 정리하면 다음과 같다.

"객체 안에 존재하는 함수들은 해당 객체에 특화되어 있다."

반면 '객체 밖에 있는 함수'들은 특정 객체 또는 값에 특화되어 있지 않는 경향이 있다. 조금 쉽게 말하면 다양한 값이나 객체들을 대상으로 동작한다. 예를 들어서 다음 함수들은 리스트를 대상으로 동작하지만(다음 함수들에 리스트를 전달할 수 있지만),

len(s)   리스트 s의 길이(s에 저장된 값의 수) 반환

min(s)   리스트 s에 저장된 값 중에서 가장 작은 값 반환

max(s)   리스트 s에 저장된 값 중에서 가장 큰 값 반환

다음 예에서 보이듯이 문자열을 대상으로도 동작한다. (문자열도 전달할 수 있다.)

```
>>> str = "Python"
>>> len(str)      # 문자열의 길이는?
6
>>> min(str)      # 알파벳 순서상 가장 앞에 있는 문자는?
'P'
>>> max(str)      # 알파벳 순서상 가장 뒤에 있는 문자는?
'y'
```

그리고 솔직히 말해서 '객체 밖에 있는 함수'가 만들기도 편하고 사용하기도 편하다. 그래서 편하다는 이유로 '객체 밖에 있는 함수'를 만들어서 사용하는 경우도 있다. (사용하기 편하다는 것도 큰 장점이다.)

자! 결론이다. 함수를 '객체 밖에 있는 함수'의 형태로 만들었다면 이는 다음과 같은 이유가 있는 것이다.

"둘 이상의 다양한 종류의 값을 대상으로 동작하는 함수를 만들고자 하였다."

"또는 만들기 편하고 사용하기도 편해서 선택하였다."

반면 함수를 '객체 안에 있는 함수'의 형태로 만들었다면, 이는 다음과 같은 이유가 있는 것이다.

"해당 객체에 특화된 형태로 함수를 만들고자 하였다."

문자열과 함수들

사실 문자열도 리스트와 마찬가지로 '객체(Object)'이다. 따라서 문자열 안에도 다음 함수들이 존재한다.

s.count(sub)	문자열 s에 sub가 등장하는 횟수 반환
s.lower()	문자열 s의 내용을 전부 소문자로 바꾼 문자열 반환
s.upper()	문자열 s의 내용을 전부 대문자로 바꾼 문자열 반환
s.lstrip()	문자열 s의 앞에 위치한 공백을 모두 제거한 문자열 반환
s.rstrip()	문자열 s의 뒤에 위치한 공백을 모두 제거한 문자열 반환
s.strip()	문자열 s의 앞과 뒤에 위치한 공백을 모두 제거한 문자열 반환
s.replace(old, new)	문자열 s의 old를 new로 교체한 문자열 반환
s.split()	문자열 s를 공백을 기준으로 나눠서 리스트에 담아서 반환

먼저 count는 다음과 같이 문자열에 등장하는 문자열의 수를 확인하는데 사용된다.

```
>>> str = "YoonSungWoo"
>>> str.count("o")        # "o"가 몇 번 등장?
4
>>> str.count("oo")       # "oo"가 몇 번 등장?
2
```

그리고 lower와 upper는 다음과 같이 문자열의 내용을 소문자 또는 대문자로 바꿔서 반환한다.

```
>>> org = "Yoon"
>>> lcp = org.lower()     # 모든 문자를 소문자로 바꿔서 반환
>>> ucp = org.upper()     # 모든 문자를 대문자로 바꿔서 반환
>>> org      # 원본은 그대로 존재한다.
'Yoon'
```

```
>>> lcp
'yoon'
>>> ucp
'YOON'
```

위의 예를 통해서 알 수 있듯이 lower와 upper는 문자열을 수정하는 함수가 아니고, 수정된 내용의 새로운 문자열을 생성해서 반환하는 함수이다. (문자열은 수정 자체가 불가능하다는 사실을 잊지 말자.)

이어서 lstrip과 rstrip의 예를 보이겠다. 이 두 함수는 각각 문자열의 앞과 뒤에 위치한 공백이 제거된 문자열을 생성해서 반환한다.

```
>>> org = " MIDDLE   "
>>> cp1 = org.lstrip()    # 앞쪽에(왼쪽에) 있는 공백들 모두 제거
>>> cp2 = org.rstrip()      # 뒤쪽에(오른쪽에) 있는 공백들 모두 제거
>>> org
'   MIDDLE   '
>>> cp1
'MIDDLE   '
>>> cp2
'   MIDDLE'
```

위의 예에서 보이듯이 문자열의 앞 또는 뒤에 위치한 공백은 그 수에 상관없이 모두 제거된다. 그리고 이어서 보이는 strip은 문자열의 앞과 뒤에 존재하는 공백을 모두 제거한다.

```
>>> org = " MIDDLE   "
>>> cpy = org.strip()    # 앞과 뒤에 있는 공백들 모두 제거
>>> org
'   MIDDLE   '
>>> cpy
'MIDDLE'
```

공백을 제거하는 함수가 무슨 큰 도움이 될까 생각되겠지만 문자열 관련된 코드를 작성할 때 의외로 유용하게 사용되는 함수들이다. 이런 함수들이 없었다면 이러한 기능의 함수를 직접 만들어서 사용해야할 판이다.

다음은 문자열의 내용 일부를 바꾸는 replace의 예를 보여준다. 앞서 소개한 함수들과 마찬가지로 문자열의 내용을 수정하는 것이 아니라 수정된 내용의 문자열을 새로 생성해서 반환을 한다.

```
>>> org = "YoonSungWoo"
>>> rps = org.replace("oo", "ee")      # "oo"를 전부 "ee"로 교체
>>> rps
'YeenSungWee'
```

위의 예에서 보이듯이 "oo"가 "ee"로 전부 바뀌었다. 그렇다면 전부가 아니라 앞에 등장하는 하나만 바꾸려면 어떻게 해야 할까? 다음과 같이 숫자 1을 추가로 전달하면 된다. (2를 전달하면 두 개가 바뀐다.)

```
>>> org = "YoonSungWoo"
>>> rps = org.replace("oo", "ee", 1)    # 첫 번째로 등장하는 "oo" 하나를 "ee"로 교체
>>> rps
'YeenSungWoo'
```

마지막으로 split을 소개할 차례인데, 다음 예제를 보면서 이 함수의 기능을 파악해보자.

```
>>> org = "ab cd ef"
>>> ret = org.split()     # 공백을 기준으로 문자열을 쪼개서 리스트에 담아!
>>> ret
['ab', 'cd', 'ef']
```

위의 예에서 보이듯이, split은 공백을 기준으로 문자열을 나눠서 리스트에 담는다. 그리고 그 리스트를 반환한다. 그런데 이 함수는 다음과 같이 사용할 수도 있다.

```
>>> org = "ab_cd_ef"
>>> ret = org.split('_')      # '_'를 기준으로 문자열을 쪼개서 리스트에 담아!
>>> ret
['ab', 'cd', 'ef']
```

위의 예에서는 split을 호출하면서 '_'를 전달하였다. 따라서 이번에는 문자열을 나누는 기준이 공백이 아니라 '_'가 되었다.

[연습문제 06-2]

■ 문제 1

문자열 "The Espresso Spirit"을 다음과 같이 선언하자.

```
>>> str = "The Espresso Spirit"
```

그리고 한 번은 모두 대문자로 바꿔서 출력하고, 또 한 번은 모두 소문자로 바꿔서 출력해보자. 그리고 마지막에 원본 그대로 출력을 한 번 더 하자.

■ 문제 2

우리나라의 주민등록번호는 다음과 같은 구조이다.

```
"070609-2011xxx"
"090716-1012xxx"
```

이 중에서 앞의 여섯 자리는 생년월일 정보이다. 따라서 문자열로 표현된 위의 주민등록번호에서 생년월일 정보만 꺼내서 출력하고자 하니, 이러한 기능을 제공하는 함수를 만들어보자. 예를 들어서 함수의 이름이 birth_only라 하면 이 함수를 대상으로 다음과 같은 결과를 보여야 한다.

```
>>> p1 = "070609-2011xxx"
>>> p1 = birth_only(p1)
>>> p1
'070609'
>>> p2 = "090716-1012xxx"
>>> p2 = birth_only(p2)
>>> p2
'090716'
```

답안은 출판사 홈페이지 및 저자 카페를 통해 제공합니다.

06-4 문자열의 탐색 관련 함수들

이어서 소개할 두 함수는 문자열 안에 특정 내용이 있는지, 있다면 어디에 있는지 확인할 때 사용하는 함수들이다.

> s.find(sub)   문자열 s에 sub가 있으면 그 위치의 인덱스 값, 없으면 -1 반환
>
> s.rfind(sub)   s.find는 앞에서부터 sub를 찾는 반면 s.rfind는 뒤에서부터 찾는다.

먼저 다음 예를 통해서 find의 기능을 설명하겠다.

```
>>> str = "What is important is that you should choose what is best for you"
>>> str.find("is")     # "is"가 있는 위치의 인덱스 값은?
5
```

위의 예에서 다음 함수 호출을 진행하였다.

> str.find("is")

그리고 그 결과로 5가 반환되고 출력되었다. 이렇게 출력된 숫자 5는 "is"가 등장한 위치를 알려주는 인덱스 값이다. 즉 5가 반환되었다는 것은 여섯 번째 문자에서부터 "is"가 등장함을 의미한다.

위의 예에서 보인 find는 찾는 내용을 문자열의 앞에서부터(왼쪽에서 오른쪽으로) 찾아 나간다. 반면 다음 예에서 보이는 rfind는 문자열의 뒤에서부터(오른쪽에서 왼쪽으로부터) 찾아 나간다.

```
>>> str = "What is important is that you should choose what is best for you"
>>> str.rfind("is")     # 마지막 "is"가 있는 위치의 인덱스 값은?
49
```

위 예의 문자열에는 "is"가 총 3번 등장하고 그 위치의 인덱스 값은 각각 5, 18, 49이다. 그런데 rfind는 뒤에서부터 "is"를 찾기 때문에 마지막 "is"가 시작하는 위치인 49가 반환되고 출력되었다. 이렇듯 find와 rfind의 유일한 차이점은 탐색의 방향에 있다. 그리고 두 함수 모두 찾는 내용이 없을 경우 −1을 반환한다는 사실도 기억하기 바란다.

06-5 · 문자열의 일부로 포함이 되는 이스케이프 문자

문자열의 일부로 포함이 되어 특별한 의미를 갖도록 약속해 놓은 몇몇 '문자 조합'이 있어서 이들을 소개하고자 한다. 이러한 문자 조합을 가리켜 '이스케이프 문자(escape characters)'라 하며, 그 예는 다음과 같다.

```
>>> str = "escape\ncharacters"    # 이스케이프 문자 \n 중간 삽입
>>> print(str)    # print 함수는 이스케이프 문자를 해석해서 그 결과를 출력한다.
escape
characters
```

위의 예에서 변수 str에 담긴 문자열에는 중간에 \n이 삽입되어 있다. 그런데 이것이 갖는 의미는 '줄 바꿈'이다. 따라서 print 함수는 문자열 중간에 있는 \n을 해석해서 그 위치에서 '줄 바꿈'을 진행한다. 이러한 이스케이프 문자들 중에서 실제로 사용 빈도가 있는 것들을 정리하면 다음과 같다.

\n	줄 바꿈
\t	탭
\'	작은따옴표 출력
\"	큰따옴표 출력

예를 들어서 다음 문장을 출력해야 한다고 가정해보자.

제가 마음속으로 그랬습니다. '이건 아니야'라고 말이죠.

그렇다면 다음과 같이 문자열을 구성해야 한다.

```
>>> str = "제가 마음속으로 그랬습니다. '이건 아니야.'라고 말이죠."
>>> print(str)
제가 마음속으로 그랬습니다. '이건 아니야.'라고 말이죠.
```

위의 예에서 문자열 안에 작은따옴표가 사용되었기 때문에 다음과 같이 작은따옴표로 문자열을 묶으면 오류가 발생한다. 이는 문자열의 경계가 구분이 안돼서 발생하는 오류이다.

> str = '제가 마음속으로 그랬습니다. '이건 아니야.'라고 말이죠.'   # 오류 발생

따라서 이때는 다음과 같이 큰따옴표로 문자열을 묶어줘야 한다.

> str = "제가 마음속으로 그랬습니다. '이건 아니야.'라고 말이죠."

반대의 경우도 마찬가지이다. 다음과 같이 문자열 안에 큰따옴표가 존재하는 경우 작은따옴표로 문자열을 묶어야 한다. (왜 문자열 표현에 큰따옴표와 작은따옴표 둘 다 쓸 수 있게 했는지 이해가 가는 대목이다.)

```
>>> str = '제가 소리 질렀습니다. "이건 아니야!"라고 말이죠.'
>>> print(str)
제가 소리 질렀습니다. "이건 아니야!"라고 말이죠.
```

하지만 이스케이프 문자 \' 그리고 \"을 사용하면, 다음과 같이 문자열을 무엇으로 묶던 상관하지 않고 큰따옴표와 작은따옴표를 문자열에 포함시킬 수 있다.

```
>>> s1 = '제가 마음속으로 그랬습니다. \'이건 아니야.\'라고 말이죠.'
>>> s2 = "제가 소리 질렀습니다. \"이건 아니야!\"라고 말이죠."
>>> print(s1)
제가 마음속으로 그랬습니다. '이건 아니야.'라고 말이죠.
>>> print(s2)
제가 소리 질렀습니다. "이건 아니야!"라고 말이죠.
```

06-6 함수가 아닌 del 명령

리스트와 문자열 관련 설명은 끝이 났는데, 마지막으로 리스트의 삭제와 관련해서 조금 더 설명을 하고 자 한다. 문자열은 수정 자체가 불가능하므로 이는 어디까지나 리스트와 관련 있는 이야기이다.

재미있게도 파이썬은 다양한 삭제 방법을 제공하고 있다. 앞서 배운 clear 함수 호출을 통해서 다음과 같이 리스트의 모든 값을 삭제할 수도 있지만,

```
>>> st = [1, 2, 3, 4, 5]
>>> st.clear()        # 리스트의 모든 값 삭제
>>> st
[]
```

다음과 같이 슬라이싱 연산을 기반으로도 리스트의 모든 값을 삭제할 수 있다.

```
>>> st = [1, 2, 3, 4, 5]
>>> st[:] = []         # 리스트의 모든 값 삭제
>>> st
[]
```

사실 슬라이싱 연산을 하면 다음과 같이 부분적인 삭제도 가능하기 때문에 이 방식도 많이 사용하는 편이다.

```
>>> st = [1, 2, 3, 4, 5]
>>> st[2:] = []        # 인덱스 2 이후로 전부 삭제
>>> st
[1, 2]
```

그런데 파이썬은 del이라는 명령도 제공하고 있어서, 이를 통해 다음과 같이 삭제를 진행할 수도 있다.

```
>>> st = [1, 2, 3, 4, 5]
>>> del st[:]        # 리스트에 저장된 값 모두 삭제
>>> st
[]
```

물론 다음과 같이 부분적으로 삭제하는 것도 된다.

```
>>> st = [1, 2, 3, 4, 5]
>>> del st[3:]     # st[3]부터 그 뒤까지 모두 삭제
>>> del st[0]      # st[0] 하나만 삭제
>>> st
[2, 3]
```

다만 리스트 안에 저장된 값 모두를 삭제할 생각으로 다음과 같이 del 연산을 하는 실수를 범하지는 말자. 이는 리스트에 저장된 값을 삭제하는 것이 아니라 리스트 자체를 소멸시키는 일이기 때문이다.

```
>>> st = [1, 2, 3, 4, 5]
>>> del st       # 리스트를 통째로 삭제! 리스트 자체를 삭제!
```

Chapter 07

True, False 그리고 if와
그 형제들

07-1. 참과 거짓을 의미하는 값(데이터)

07-2. 소스파일에 main 함수 만들기

07-3. if문:조건이 맞으면 실행을 해라.

07-4. if ~ else문:이쪽 길! 아니면 저쪽 길!

07-5. if ~ elif ~ else문: 여러 길 중에서 하나의 길만 선택!

07-6. True 또는 False를 반환하는 연산들

07-7. 리스트와 문자열을 대상으로도 동작하는 >=, <=, ==, !=

07-8. True 또는 False로 답하는 함수들

07-9. in, not in

07-10. 수(Number)를 True와 False로 인식하는 방식

07-1 · 참과 거짓을 의미하는 값(데이터)

파이썬에는 '참(true)'을 의미하는 단어와 '거짓(false)'을 의미하는 단어가 존재한다. 이와 관련해서 다음과 같이 프롬프트를 통해 이 두 단어의 존재를 확인해보자.

```
>>> True        # True는 그 단어의 의미처럼 '참'을 뜻한다.
True
>>> False       # False는 그 단어의 의미처럼 '거짓'을 뜻한다.
False
```

위의 예에서 보이듯이 True와 False는 파이썬이 인식할 수 있는 단어들이고 이들 각각이 의미하는 바는 다음과 같다.

    True   '참'을 의미함, 질문 내용이 맞는 경우의 대답이 되기도 한다.

    False   '거짓'을 의미함, 질문 내용이 맞지 않는 경우의 대답이 되기도 한다.

그럼 다음 예를 통해서 파이썬이 True 또는 False라고 답하는 상황을 관찰하자.

```
>>> 3 > 10      # 3이 10보다 크니?
False
>>> 3 < 10      # 3이 10보다 작으니?
True
```

위에서 보이듯이 부등호 기호를 통해서 다음과 같은 사실을 물어볼 수 있다.

    3 > 10   3이 10보다 큰가?

    3 < 10   3이 10보다 작은가?

그리고 위의 예에서 False와 True가 출력되었는데, 이는 False와 True가 반환되면서 이것이 출력으로 이어진 것이다. 따라서 다음과 같이 반환되는 결과를 변수에 저장할 수도 있다.

```
>>> r = 3 < 10        # < 연산의 결과인 True가 변수 r에 저장된다.
>>> r
True
```

True나 False를 변수에 저장할 수 있다는 사실이 조금 놀라운가? 사실 이 둘도 변수에 저장이 가능한 '값'이다.

　"파이썬은 True, False를 값으로 취급한다."

따라서 다음과 같이 type 함수를 통해서 이 둘의 데이터 종류도 확인할 수 있다.

```
>>> type(True)
<class 'bool'>
>>> type(False)
<class 'bool'>
```

데이터의 종류를 물으니 〈class 'bool'〉이라 답했는데, 이는 데이터의 종류가 bool(부울)이라고 답한 것이다. 즉 True와 False를 가리켜 '부울형 데이터' 또는 '부울형 값'이라 한다. 그리고 이로써 우리는 '부울형 데이터'의 존재도 알게 되었다.

- int형 데이터　　　　　　ex) 3, 5, 7, 9
- float형 데이터　　　　　ex) 2.2, 4.4, 6.6, 8.8
- 리스트형 데이터　　　　ex) [3, 5, 7, 9], [2.2, 4.4, 6.6, 8.8]
- 스트링형 데이터　　　　ex) "I am a boy", 'You are a girl'
- 부울형 데이터　　　　　ex) True, False

07-2 소스파일에 main 함수 만들기

연산자의 기능이나 함수 호출의 결과 정도는 프롬프트상에서 확인하는 것이 편리하다. 그러나 코드가 길어지면 이것이 오히려 불편할 수 있다. 그래서 앞으로는 필요에 따라서 다음 구조에 코드를 채워 넣는 방식으로 예제를 작성하려고 한다. (이 구조에 대해서는 2장에서 설명하였다.)

```python
# main.py
def main():       # main 함수의 정의
    print("Simple Frame")


main()    # main 함수의 호출을 명령함
```

위의 코드를 소스파일에 담아서 실행하면 먼저 main 함수가 정의되고, 이어서 그 만들어진 main 함수의 호출까지 진행이 된다. 따라서 우리가 실행하고자 하는 코드를 위의 main 함수 내에 위치시키면 그 결과를 확인할 수 있다.

07-3 if문: 조건이 맞으면 실행을 해라.

프로그램을 작성하다 보면 특정 조건이 맞을 경우에만(특정 조건이 True인 경우에만) 실행해야 하는 문장들이 있을 수 있다. 그리고 이러한 경우에 사용하는 것이 if문이다. 그럼 먼저 if문의 기본 구조를 보자.

```
if <조건>:
    <if에 속하는 문장 1>
    <if에 속하는 문장 2>
    . . . .
```

이러한 if문의 순서도를 그리면 다음과 같다. 참고로 순서도를 몰라도 괜찮다. 이 그림이 의미하는 바가 무엇인지만 간단히 파악하면 된다.

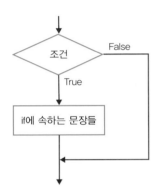

[그림 07-1 : if문의 순서도]

위의 그림에서 화살표는 실행의 흐름을 의미한다. 그리고 마름모는 '흐름의 분기(나뉨)'을 뜻한다. 즉, 조건이 True이면 사각형 안에 있는 'if에 속하는 문장들'이 실행되고, 조건이 False이면 이를 건너뛰게 됨을 위의 순서도에서 보이고 있다.

그럼 이번에는 실제 코드를 가지고 이야기해 보자. 만약에 변수 num에 저장된 값이 0보다 큰 경우에 한해서 '양의 정수입니다.'라는 문자열을 출력하고자 한다면? 다음과 같이 if문을 기반으로 코드를 작성하면 된다.

```
if num > 0:
    print("양의 정수입니다.")        # if문에 속하는 문장들은 들여쓰기 필수!
```

위의 코드가 실행되면 if문의 기본 구조에서 〈조건〉에 해당하는 다음 부분에 대한 연산이 먼저 진행된다.

```
if num > 0:
    print("양의 정수입니다.")
```

앞서 확인했듯이 〉 연산은 결과가 참이면 True, 거짓이면 False를 반환한다. 따라서 변수 num에 저장된 값이 3이라면 True가 반환되어 위의 코드는 다음의 상태가 된다.

```python
if True:

    print("양의 정수입니다.")        # if문에 속하는 문장인지 아닌지는 들여쓰기로 판단!
```

그리고 이렇게 if문의 〈조건〉에 True가 왔으므로 if문에 속한 문장이 실행된다. 만약에 변수 num에 1보다 작은 정수가 저장되었다면 다음의 상태가 되어 if문에 속한 문장은 실행되지 않는다.

```python
if False:

    print("양의 정수입니다.")
```

따라서 if문에서 〈조건〉의 위치에는 True 또는 False가 반환되는 연산이 와야 한다. 그럼 지금 설명한 예제의 흐름을 순서도로 표현해보겠다.

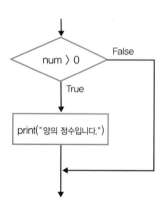

[그림 07-2: if문 예제의 순서도]

그리고 당연한 이야기지만, if문에 속하는 문장은 여러 개를 둘 수 있다. 그럼 다음 예제를 소스파일에 담아서 실행해 보자. 그리고 이를 통해 지금까지 설명한 내용들을 확인해보자.

```python
# if_positive.py
def main():    # main 함수의 정의
    num = int(input("정수 입력: "))
    if num > 0:
        print("양의 정수입니다.")


main()    # 위의 main 함수를 실행해라!
```

```
정수 입력: 2
양의 정수입니다.
```

참고로 if문에 속하는 문장이 하나인 경우에는 다음과 같이 한 줄에 모두 담아도 된다.

```
>>> num = 2
>>> if num > 0: print("양의 정수입니다.")      # 한 줄에 모두 담은 경우

양의 정수입니다.
```

이러한 형태의 문장 구성을 즐기는 프로그래머들도 있기 때문에 이 방식에도 익숙해질 필요가 있다.

07-4 if ~ else문: 이쪽 길! 아니면 저쪽 길!

이어서 소개할 if ~ else문은 〈조건〉에 True가 오는 경우에 실행할 코드와 False가 오는 경우에 실행할 코드를 구분해야 할 때 사용하는 문장이다. if ~ else문의 기본 구조는 다음과 같다.

```
if <조건>:
    <True시 실행할 문장들>
else:
    <False시 실행할 문장들>
```

그리고 이에 대한 순서도는 다음과 같다.

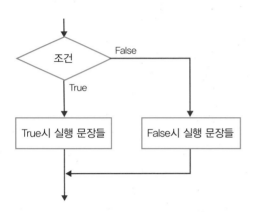

[그림 07-3: if ~ else문의 순서도]

if문의 순서도를 접해봤기 때문에 위의 그림도 쉽게 이해할 수 있을 것이다. 따라서 바로 예제를 하나 제시하겠다.

```python
# if_else.py
def main():
    num = int(input("정수 입력: "))
    if num > 0:
        print("0보다 큰 수입니다.")     # num이 0보다 크면 이 문장 실행
    else:
        print("0보다 크지 않은 수입니다.")    # num이 0보다 크지 않으면 이 문장 실행

main()
```

```
정수 입력: -7
0보다 크지 않은 수입니다.
```

위에서는 0보다 작은 값이 입력된 경우의 실행 결과만 보였다. 하지만 다양한 입력을 통해서 실행되는 문장이 달라짐을 확인해야 한다. 그리고 위 예제의 if ~ else문에 대한 순서도는 다음과 같다.

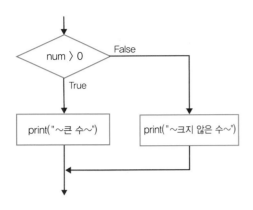

[그림 07-4: if ~ else문 예제의 순서도]

if ~ elif ~ else문: 여러 길 중에서 하나의 길만 선택!

앞서 소개한 if ~ else문은 조건에 따라 둘 중 하나를 선택해서 실행하는 경우에 사용하는 도구이다. 그러나 이어서 소개하는 if ~ elif ~ else문은 조건에 따라 셋 또는 그 이상 중에서 하나를 선택해서 실행하는 경우에 사용하는 도구이다.

```
if <조건 1>:
    <조건 1이 True인 경우 실행할 문장들>
elif <조건 2>:
    <조건 2가 True인 경우 실행할 문장들>
else:
    <모든 조건 False인 경우 실행할 문장들>
```

위의 구성에서 〈조건 1〉이 True이면 이에 속한 문장들이 실행되고 끝나지만, 그렇지 않으면 〈조건 2〉가 True인지 확인하고 이것이 True라면 이에 속한 문장들이 실행되고 끝난다. 그런데 〈조건 2〉도 True가 아니라면 마지막에 else에 속한 문장들이 실행되고 끝난다. 그럼 이와 관련해서 다음 예를 관찰하자. (여러 번 실행해 보면서 다양한 값을 입력해보자.)

```python
# if_elif_else.py
def main():
    num = int(input("정수 입력: "))

    # 조건에 따라서 아래 문장 1, 2, 3 중 하나만 실행이 된다.
    if num > 0:
        print("0보다 큰 수입니다.")        # 문장 1
    elif num < 0:
        print("0보다 작은 수입니다.")        # 문장 2
    else:
        print("0으로 판단이 됩니다.")        # 문장 3

main()
```

```
정수 입력: 0
0으로 판단이 됩니다.
```

지금 설명한 if ~ elif ~ else문을 관찰해보면 if ~ else문의 사이에 다음 코드 블록이(덩어리가) 추가된 구조임을 알 수 있다.

```
elif <조건>:
    <조건이 True이면 실행되는 문장들>
```

위의 코드 블록은 원하면 얼마든지 추가할 수 있는데, 이렇듯 다수의 elif 코드 블록이 추가된 예는 잠시 후에 보이도록 하겠다.

07-6 ○ True 또는 False를 반환하는 연산들

앞서 다음 두 연산자는 True 또는 False를 반환함을 설명했고 또 확인하였다.

A > Z   A가 Z보다 크면 True, 크지 않으면 False 반환

A < Z   A가 Z보다 작으면 True, 작지 않으면 False 반환

이렇듯 '수(number)'를 비교하는 데 있어서 True 또는 False를 반환하는 연산자들을 추가로 소개하면 다음과 같다.

A >= Z   A가 Z보다 크거나 같으면 True, 그렇지 않으면 False 반환

A <= Z   A가 Z보다 작거나 같으면 True, 그렇지 않으면 False 반환

A == Z   A와 Z가 같으면 True, 같지 않으면 False 반환

A != Z   A와 Z가 같지 않으면 True, 같으면 False 반환

그럼 다음 예제를 통해서 위의 연산자들 중에서 사용 빈도가 비교적 높은 == 연산자의 사용의 예를 보이겠다.

```python
# if_elif_else2.py
def main():
    num = int(input("정수 입력: "))
    if num == 1:          # num이 1이면 True
        print("1을 입력했습니다.")
    elif num == 2:        # num이 2이면 True
        print("2를 입력했습니다.")
    elif num == 3:        # num이 3이면 True
        print("3을 입력했습니다.")
    else:
        print("1, 2, 3 아닌 정수 입력했습니다.")

main()        # 위의 main 함수를 실행하여라!
```

```
정수 입력: 2
2를 입력했습니다.
```

위의 예에서 보이듯이 == 연산자도 연산의 결과에 따라 True 또는 False를 반환하기 때문에 if문 또는 그 형제들(if ~ else문, if ~ elif ~ else문)과 함께 사용이 가능하다. 그럼 이어서 다음 문장을 출력한 후에,

    2의 배수이면서 3의 배수인 수 입력:

프로그램 사용자로부터 값을 하나 입력받아서 그 수가 2의 배수면서 3의 배수면 YES! 아니면 NO! 를 출력하는 프로그램을 작성해 보겠다. 일단 우리가 지금까지 공부한 내용만 가지고도 다음과 같이 만들 수 있다.

```python
# if_and_if.py
def main():
    num = int(input("2의 배수이면서 3의 배수인 수 입력: "))
    if num % 2 == 0:      # 연산 순서 구분되게 (num % 2) == 0로 입력 가능
        if num % 3 == 0:      # 연산 순서 구분되게 (num % 3) == 0로 입력 가능
            print("OK!")
        else:
            print("NO!")
    else:
        print("NO!")

main()
```

```
2의 배수이면서 3의 배수인 수 입력: 6
OK!
```

조금 복잡해 보이지만, 다음 그림에서 보이듯이 if ~ else문의 if 영역 안에 또 하나의 if ~ else문이 들어가 있는 구조이다.

```
if num % 2 == 0:
    if num % 3 == 0:
        print("OK!")
    else:
        print("NO!")
else:
    print("NO!")
```

if에 속한 if ~ else문

else에 속한 print()문

[그림 07-5: if ~ else문의 중첩]

그래서 위의 코드를 실행하게 되면, 바깥쪽에 위치한 다음 if ~ else문을 통해서 num에 저장된 값이 2의 배수인지를 먼저 확인하게 된다.

```
if num % 2 == 0:
    <num이 2의 배수면 이 영역 실행>
else:
    <num이 2의 배수가 아니면 이 영역 실행>
```

그리고 2의 배수인 경우, if에 속한 다음 if ~ else문을 통해서 3의 배수인지 확인하게 된다.

```
if num % 3 == 0:
    print("OK!")
else:
    print("NO!")
```

처음 이러한 구조의 코드를 보면 당황할 수 있지만 사실 이 정도면 복잡한 편도 아니다. 그런데 이어서 소개하는 다음 연산자들을 이용하면 이 코드도 충분히 줄일 수 있다. 단, 줄이지 못하는 경우도 있으니 위와 같은 코드 구성에는 익숙해져야 한다.

A and Z   A와 Z가 모두 True이면 True, 그렇지 않으면 False 반환

A or Z   A와 Z 둘 중 하나라도 True이면 True, 그렇지 않으면 False 반환

not A   A가 True이면 False, A가 False이면 True 반환

그럼 간단히 프롬프트상에서 위 연산자의 연산 결과를 확인해보겠다. 먼저 and 연산의 결과이다.

```
>>> True and True          # 이 문장에서 True는 값, and는 연산자
True
>>> True and False         # 이 문장에서 True, False는 값이고 and는 연산자
False
```

이렇듯 and는 왼쪽과 오른쪽 모두에 True가 있을 때 True를 반환한다. 이어서 다음은 or 연산의 결과이다.

```
>>> True or False          # 이 문장에서 True, False는 값, or는 연산자
True
>>> False or False         # 이 문장에서 False는 값이고 or는 연산자
False
```

이렇듯 or는 한쪽에만 True가 와도 True를 반환한다. (물론 양쪽에 True가 와도 True를 반환한다.) 마지막으로 다음은 not 연산의 결과인데 True가 오면 False를, False가 오면 True를 반환하는 것이 전부이다.

```
>>> not False      # 이 문장에서 False는 값, not은 연산자
True
>>> not True       # 이 문장에서 True는 값, not은 연산자
False
```

지금까지 설명한 and, or, not 연산자의 연산 결과를 정리하면 다음과 같다.

p1	p2	p1 and p2
True	True	True
True	False	False
False	True	False
False	False	False

[표 07-1: and 연산의 결과]

p1	p2	p1 or p2
True	True	True
True	False	True
False	True	True
False	False	False

[표 07-2: or 연산의 결과]

p	not p
True	False
False	True

[표 07-3: not 연산의 결과]

그렇다면 이러한 and, or, not 연산을 어디에 쓸 수 있을까? 이 연산자들의 왼쪽 또는 오른쪽에 직접 True나 False를 가져다 놓는 경우는 사실 없다. 대신에 다음과 같이 'True 또는 False를 반환하는 연산'을 가져다 놓는 식으로 이 연산자들을 사용한다.

```
>>> num = 6
>>> (num % 2) == 0 and (num % 3) == 0     # num의 값이 2와 3의 배수인지 묻는 문장
True
```

위 예제의 다음 문장은 and의 왼쪽과 오른쪽 연산이 먼저 진행되고, 이어서 and 연산이 진행된다. (아래 문장에서 소괄호는 없어도 된다. 보기 좋고 구분 잘 되라고 넣어 둔 것이다.)

```
  (num % 2) == 0 and (num % 3) == 0          # and 연산은 맨 마지막에
```

따라서 num이 6이라면 위의 문장은 다음의 단계를 거쳐서 마지막에 True만 남게 된다.

```
  (num % 2) == 0 and (num % 3) == 0     # and의 왼쪽부터 계산해서 아래 상태가 됨.
     → True and (num % 3) == 0          # and의 오른쪽도 계산해서 아래 상태가 됨.
     → True and True
     → True
```

이렇듯 and 연산을 이용하면 변수 num에 저장된 값이 2의 배수이자 3의 배수임을 동시에 확인할 수 있다. 그럼 이 내용을 반영해서 앞서 보였던 예제를 수정해보자.

```
# and.py
def main():
    num = int(input("2의 배수이면서 3의 배수인 수 입력: "))
    if (num % 2) == 0 and (num % 3) == 0:    # num이 2와 3의 배수이면 조건 True
        print("OK!")
    else:
        print("NO!")

main()
```

2의 배수이면서 3의 배수인 수 입력: 24
OK!

[연습문제 07-1]

■ 문제 1

프로그램 사용자로부터 정수를 하나 입력받아서, 그 값에 대해 다음 중 한가지 답변을 하도록 코드를 만들어보자.

입력한 값은 0이거나 0보다 큽니다.
입력한 값은 0보다 작습니다.

코드는 다음과 같은 방식으로 작성하자. (main 함수를 만들고 이를 호출하는 방식)

```
def main():       # main 함수의 정의
        . . . .
    main()        # main 함수의 호출
```

단 프롬프트상에서 코딩을 해도 되고, 별도의 소스파일을 만들어서 코딩을 해도 된다.

■ 문제 2

파이썬에서는 다음과 같이 문장을 작성하는 것이 가능하다.

```
>>> num = 3
```

```
>>> 1 < num < 5          # num의 값은 1보다 크고 5보다 작은가?
True
```

그런데 이는 파이썬이기에 지원되는 방식이다. 다른 코딩 언어들은 다음과 같은 연산은 지원하지만,

```
>>> 1 < num          # num은 1보다 큰가?
True
>>> num < 5          # num은 5보다 작은가?
True
```

다음과 같은 연산은 지원하지 않는 경우가 많다.

```
>>> 1 < num < 5          # 파이썬이라 가능한 연산
```

자! 그럼 파이썬도 위와 같이 문장을 구성할 수 없다고 가정하고, num에 저장된 값이 '1보다 크면서 동시에 5보다 작은가?'를 묻는 문장을 만들어서 다음 빈 공간을 채워보자.

```
>>> num = 3
>>> _____
True
```

■ 문제 3

다음과 같이 변수를 선언하자. (저장된 값은 12가 아니어도 된다.)

```
>>> num = 12
```

그리고 다음과 같이 묻는 문장을 만들어보자.

"num에 저장된 값은 3보다 작거나 10보다 큰가?"

그래서 다음 빈 공간을 채워보자.

```
>>> num = 12
>>> _____
True
```

■ 문제 4

다음과 같이 변수를 선언하자. (저장된 값은 4가 아니어도 된다.)

```
>>> num = 4
```

그리고 다음과 같이 묻는 문장을 만들어보자.

"num에 저장된 값은 2의 배수이지만 3의 배수는 아니다. 맞는가?"

그래서 다음 빈 공간을 채워보자.

```
>>> num = 4
>>> _____
True
```

■ 문제 5

프로그램 사용자로부터 정수를 하나 입력받아서 그 값에 대해 다음 중 한가지 답변을 하도록 코드를 만들어보자.

입력한 값은 0보다 작습니다.
입력한 값은 0 이상 10 미만입니다.
입력한 값은 10 이상 20 미만입니다.
입력한 값은 20 이상입니다.

코드는 다음과 같은 방식으로 작성하자. (main 함수를 만들고 이를 호출하는 방식)

```
def main():        # main 함수의 정의
    . . . .
main()         # main 함수의 호출
```

단 프롬프트상에서 코딩을 해도 되고, 별도의 소스파일을 만들어서 코딩을 해도 된다. 그리고 이번에는 문제 2에서 소개한 다음과 같은 방식을(파이썬이라 가능한 방식을) 이용해서 코드를 작성해보자.

```
>>> 1 < num < 5        # 문제 2에서 소개한 방식
```

답안은 출판사 홈페이지 및 저자 카페를 통해 제공합니다.

07-7 리스트와 문자열을 대상으로도 동작하는 >=, <=, ==, !=

앞서 '수'를 대상으로 다음과 같은 연산이 가능함을 설명하였다.

A >= Z   A가 Z와 같거나 크니?

A <= Z   A가 Z와 같거나 작으니?

A == Z   A와 Z가 같으니?

A != Z   A와 Z가 다르니?

그런데 이들은 리스트와 문자열을 대상으로도 동작한다. 특히 ==와 !=은 리스트와 문자열을 대상으로도 유용하게 사용된다. 따라서 리스트와 문자열을 대상으로 하는 이 두 연산의 예를 보이겠다.

```
>>> 'abc' == 'abc'      # 두 문자열이 같은가?
True
>>> 'abc' != 'abc'      # 두 문자열이 다른가?
False
```

위의 예에서 보이듯이 문자열의 내용 비교를 위해서 ==, != 연산을 쓸 수 있다. 마찬가지로 리스트의 내용 비교를 위해서도 이 두 연산을 쓸 수 있다. 다음 예에서 보이듯이 말이다.

```
>>> [1, 2, 3] == [1, 2]      # 두 리스트가 같은가?
False
>>> [1, 2, 3] != [1, 2]      # 두 리스트가 다른가?
True
```

07-8 True 또는 False로 답하는 함수들

앞서 6장에서 문자열 관련 함수들을 다수 소개했는데, 이어서 다음 문자열 관련 함수들을 추가로 소개하고자 한다.

s.isdigit()	문자열 s가 숫자로만 이뤄져 있으면 True, 아니면 False 반환
s.isalpha()	문자열 s가 알파벳으로만 이뤄져 있으면 True, 아니면 False 반환
s.startswith(prefix)	문자열 s가 prefix로 시작하면 True, 아니면 False 반환
s.endswith(suffix)	문자열 s가 suffix로 끝나면 True, 아니면 False 반환

위의 함수들은 호출 결과로 True 또는 False를 반환한다는 특징이 있다. 그럼 먼저 isdigit 함수의 사용 예를 보이겠다.

```
>>> st1 = "123"
>>> st2 = "OneTwoThree"
>>> st1.isdigit()      # st1은 숫자로만 이뤄져 있나요?
True
>>> st2.isdigit()      # st2는 숫자로만 이뤄져 있나요?
False
```

함수의 이름이 의미하듯이 isdigit은 문자열의 내용이 숫자로만 이뤄져 있는지 확인해주는 함수이다. 숫자로만 이뤄져 있으면 True, 아니면 False를 반환한다. 그럼 이어서 문자열이 알파벳으로만 이뤄져 있는지 확인하는 기능의 isalpha 함수의 사용 예를 보이겠다.

```
>>> st1 = "123"
>>> st2 = "OneTwoThree"
>>> st1.isalpha()
False
>>> st2.isalpha()
True
```

이번에는 문자열의 시작과 끝을 확인하는 기능의 두 함수의 사용 예를 보이겠다.

```
>>> str = "Supersprint"
>>> str.startswith("Super")      # 문자열이 'Super'로 시작하는가?
True
>>> str.endswith("int")          # 문자열이 'int'로 끝나는가?
True
```

그럼 위에서 공부한 내용을 바탕으로 다음의 목적에 맞는 코드를 작성해보자.

"휴대폰 번호를 입력받는다. 이 번호는 010으로 시작해야 하고 숫자로만 이뤄져야 한다."

즉 다음 형태의 전화번호가 입력되면 "정상적인 입력입니다."라는 메시지를 출력하고,

01022224444

다음 형태의 전화번호가 입력되면 "정상적이지 않은 입력입니다."라는 메시지를 출력하는 코드를 작성해보자.

010 2222 4444   공백이 들어가서 오류

010-2222-4444   중간에 - 문자가 들어가서 오류

01922224444   019로 시작해서 오류

작성 결과는 다음과 같다.

```
# is_phone_num.py
def main():
    pnum = input("스마트폰 번호 입력: ")
    if pnum.isdigit() and pnum.startswith("010"):
        print("정상적인 입력입니다.")
    else:
        print("정상적이지 않은 입력입니다.")

main()
```

```
스마트폰 번호 입력: 01077779999
정상적인 입력입니다.
```

07-9 in, not in

위에서 문자열 내용의 일부를 확인하는 함수들을 여럿 소개했는데 6장에서 소개한 것까지 합해서 정리하면 다음과 같다.

s.find(sub)	앞에서부터 sub를 찾아서 인덱스 값 반환
s.rfind(sub)	뒤에서부터 sub를 찾아서 인덱스 값 반환
s.startswith(prefix)	prefix로 시작하면 True 반환
s.endswith(suffix)	suffix로 끝나면 True 반환

이 함수들을 통해서 문자열의 내용 일부를 확인할 수 있고 또 위치 정보까지 얻을 수 있다. 그런데 다음과 같이 단순하게 질문하고 싶다면,

"이 문자열 안에 이런 내용이 포함되어 있어?"

위의 함수를 사용하는 것보다 쉽게 질문하는 방법이 있다. 일단 다음 질문에 답을 하는 코드를 작성해 보자.

문자열 "Tomato spaghetti" 안에 "ghe"가 존재하는가?

앞서 배운 s.find 함수를 이용해서 다음과 같이 작성할 수 있다.

```
>>> s = "Tomato spaghetti"
>>> if s.find("ghe") != -1:      # "ghe"가 없으면 find 함수는 -1을 반환한다.
        print("있습니다.")
    else:
        print("없습니다.")

있습니다.
```

find 함수는 해당 내용이 존재하면 그 위치의 인덱스 값을, 존재하지 않으면 −1을 반환한다. 그래서 위의 예에서는 find가 반환하는 값이 −1인지 확인하는 방식으로 "ghe"의 존재 유무를 확인하였다. 그런데 다음과 같이 in 연산자를 사용하는 방법도 있다.

```
>>> if "ghe" in s:
        print("있습니다.")
    else:
        print("없습니다.")

있습니다.
```

이렇듯 찾는 내용의 존재 유무만 확인하고자 한다면 in 연산자를 사용하는 것이 좋다. 물론 찾는 내용의 위치 정보가 필요하다면 find 함수를 사용해야 한다. 그런데 문자열만을 대상으로 하는 find 함수와 달리 in 연산자는 다음과 같이 리스트를 대상으로도 사용할 수 있다. (아직 소개하지 않았지만 '튜플'이라는 것을 대상으로도 사용할 수 있다.)

```
>>> 3 in [1, 2, 3]      # 리스트 [1, 2, 3] 안에 3이 있는가?
True
>>> 4 in [1, 2, 3]      # 리스트 [1, 2, 3] 안에 4가 있는가?
False
```

그리고 in 연산자와 그 기능이 반대인 not in 연산자도 있는데, 이 둘을 함께 정리하면 다음과 같다.

e in S	S에 e가 있으면 True, 없으면 False 반환
e not in S	S에 e가 없으면 True, 있으면 False 반환

물론 not in은 그 이름이 의미하듯이 True와 False를 반환하는 상황이 in과는 반대이다. 다음의 예에서 보이듯이 말이다.

```
>>> 3 not in [1, 2, 3]        # [1, 2, 3] 안에 3이 없지요?
False
>>> 4 not in [1, 2, 3]        # [1, 2, 3] 안에 4가 없지요?
True
>>> "he" not in "hello"       # "he"는 "hello"의 일부가 아니지요?
False
>>> "oo" not in "hello"       # "oo"는 "hello"의 일부가 아니지요?
True
```

그럼 정리하자! 지금까지 공부한 연산자들 중에 수학 기호가 아닌, 하나 이상의 단어로 구성된 연산자로써 True 또는 False를 반환하는 연산자들은 다음과 같다.

and	둘 다 True인가?
or	둘 중 하나라도 True인가?
not	바꿔라!
in	들어 있는가?
not in	들어 있지 않은가?

[연습문제 07-2]

다음과 같이 동작하는 코드를 만들어보자.
　　프로그램 사용자가 정수를 입력하면, 그 수의 거듭제곱 값을 출력한다.
　　프로그램 사용자가 정수가 아닌 것을 입력하면 "정수가 아닙니다."를 출력한다.

코드는 다음의 구조로 작성하자. (main 함수를 만들고 이를 호출하는 방식)

```
def main():      # main 함수의 정의
   . . . .
main()        # main 함수의 호출
```

물론 프롬프트상에서 만들어도 되고 소스파일을 생성해서 만들어도 된다.

답안은 출판사 홈페이지 및 저자 카페를 통해 제공합니다.

07-10 수(Number)를 True와 False로 인식하는 방식

앞서 설명했듯이, 다음과 같은 if문의 구조에서 〈조건〉에 해당하는 위치에는 True 또는 False가 와야한다.

```
if <조건>:
    <if에 속하는 문장들>
```

필요하다면 〈조건〉의 위치에 직접 True나 False를 넣어도 된다. 다음과 같이 말이다.

```
>>> if True:
        print("사실입니다.")

사실입니다.
```

물론 다음과 같이 True를 변수에 담아서 if문의 〈조건〉에 두어도 된다.

```
>>> what = True
>>> if what:
        print("사실입니다.")

사실입니다.
```

그렇다면 다음 예의 실행 결과는 어떻게 보아야 할까? 분명 True 또는 False가 와야 하는 위치에 '수'가 왔는데도 동작하는 이 상황을 어떻게 이해해야 할까?

```
>>> num = 1      # num에 0을 저장해서 실행해보자.
>>> if num:
        print("0 아닙니다.")

0 아닙니다.
```

다음 예도 보고 나서 이 상황에 대해 나름대로 판단을 해보자.

```
>>> num = 0      # num에 저장된 값을 바꿔서 실행해보자.
>>> if num:
        print("0 아닙니다.")
    else:
        print("0 맞습니다.")

0 맞습니다.
```

위의 두 예에는 다음의 공통점이 있다.

"True 또는 False가 와야 하는 위치에 '수(number)'가 등장했다."

위와 같이 True 또는 False가 와야 하는 위치에 '수'가 올 경우, 파이썬은 이를 다음과 같이 해석한다.

| 0 오는 경우 | False가 온 것으로 간주한다. |
| 0 아닌 수가 오는 경우 | True가 온 것으로 간주한다. |

이것은 일종의 약속이니 이러한 사실은 단순히 받아들이고 활용하면 된다. 예를 들어서 이러한 약속을 이용하면 다음과 같은 코드를,

```
>>> num = 1
>>> if num != 0:
        print("num은 0 아닙니다.")


num은 0 아닙니다.
```

다음과 같이 줄여서 쓸 수 있다. 이는 같은 내용의 코드인데 if문의 〈조건〉에 오는 내용이 조금 단순해졌다.

```
>>> num = 1
>>> if num:
        print("num은 0 아닙니다.")


num은 0 아닙니다.
```

실제로 위와 같이 줄여 쓰는 것을 즐기는 사람들도 적지 않으니, 두 가지 방식 모두에 대해 익숙해질 필요가 있다. 자! 그럼 이번에는 다음 질문에 답을 해보자.

"True 또는 False가 와야 하는 위치에 '문자열'이 오면 이는 어떻게 해석될까요?"

"True 또는 False가 와야 하는 위치에 '리스트'가 오면 이는 어떻게 해석될까요?"

이런 내용이 궁금하다면 bool 함수에게 물어보자. 예를 들어서 다음 질문에 답을 얻고 싶다면,

"True 또는 False가 와야 하는 위치에 숫자 5가 오면 이는 어떻게 해석되나요?"

다음과 같이 bool 함수에 숫자 5를 전달하면 된다.

```
>>> bool(5)      # 정수 5는 True에요? False에요?
True
```

자 그럼 이번에는 bool 함수에 문자열을 전달해보자.

```
>>> bool("what")      # 문자열 "what"은 True에요? False에요?
True
>>> bool("")     # 텅 빈 문자열은 True에요? False에요?
False
```

위의 함수 호출을 통해서 빈 문자열은 False, 비어 있지 않은 문자열은 True로 해석됨을 알 수 있다.
이어서 bool 함수에 리스트도 전달해보자.

```
>>> bool([1, 2, 3])      # 리스트 [1, 2, 3]은 True? 아님 False?
True
>>> bool([])     # 빈 리스트는 True? 아님 False?
False
```

문자열과 유사하게 빈 리스트는 False로, 비어 있지 않은 리스트는 True로 해석됨을 알 수 있다.

Chapter 08

for 루프와 while 루프

08-1. for 루프에 대한 복습

08-2. True가 될 때까지 반복하는 while 루프

08-3. for 루프와 while 루프의 비교

08-4. break

08-5. continue

08-6. 이중 for 루프

08-1 for 루프에 대한 복습

앞서 우리가 공부했던 for 루프의 기본 골격은 다음과 같았다.

```
for <변수> in <범위>:
    <for에 속하는 문장들>
```

그리고 이러한 for 루프의 기능은 다음과 같이 간단히 정리할 수 있다.

"하나 이상의 문장을 정해진 횟수만큼 반복해서 실행한다."

이러한 for 루프를 이용해서 다음과 같이 1부터 10까지의 합을 구하는 유형의 코드도 작성해 보았다.

```python
# for_sum.py
def main():
    sum = 0
    for i in [1, 2, 3, 4, 5, 6, 7, 8, 9, 10]:
        sum = sum + i      # sum에 저장된 값을 i에 저장된 값만큼 증가시킴
    print("sum =", sum, end = ' ')

main()
```

```
sum = 55
```

그리고 위 코드의 for 루프에서 [1, 2, 3…]에 해당하는 부분을 다음과 같이 표현할 수 있음에 대해서도 설명하였다.

```python
# for_sum_range.py
def main():
    sum = 0
    for i in range(1, 11):    # 변수 i에 1부터 11 이전의 값까지 넣어가며 반복
```

```
        sum = sum + i
    print("sum =", sum, end = ' ')

main()
```

```
sum = 55
```

복습을 목적으로 for 루프에 대한 이야기를 조금 했는데, 이번 장에서 설명하려는 while 루프는 for 루프와 상당히 유사하다. 그러나 for 루프는 반복 횟수가 정해지는 반면, while 루프는 〈조건〉이 True가 될 때까지 반복된다는 차이가 있다.

08-2 True가 될 때까지 반복하는 while 루프

while 루프는 다음과 같이 생겼다.

    while <조건>:
        <조건이 True인 경우 반복 실행할 문장들>

while 루프의 동작 방식을 이해하기 위해 간단한 예를 하나 들겠다.

```
# while_basic.py
def main():
    cnt = 0
    while cnt < 3:      # cnt의 값이 3보다 작으면 반복
        print(cnt, end = ' ')
        cnt = cnt + 1     # cnt에 저장된 값을 1 증가

main()
```

```
0 1 2
```

위 예제의 while 루프를 보자. 일단 cnt에 0이 저장된 상태에서 while 루프를 실행하게 되는데, 이 때 while의 조건 cnt < 3이 True이므로 다음과 같이 while에 속한 문장들이 실행된다.

cnt가 0이므로 조건은 True

```
while cnt < 3:
    print(cnt, end = ' ')     따라서 while에 속한 문장들 실행,
    cnt = cnt + 1             그 결과 cnt는 1이 된다
```

[그림 08-1: while 1회전]

while에 속한 문장들이 실행되고 나면, 다시 while의 〈조건〉을 확인하러 간다. 그런데 여전히 조건이 True이므로 다음과 같이 반복 실행을 이어간다. (그 결과 cnt는 2가 된다.)

cnt가 1이므로 조건은 True

```
while cnt < 3:
    print(cnt, end = ' ')     따라서 while에 속한 문장들 실행,
    cnt = cnt + 1             그 결과 cnt는 2가 된다
```

[그림 08-2: while 2회전]

이어서 다시 while 조건을 확인한다. 그리고 여전히 조건은 True이다. 따라서 다음과 같이 반복 실행을 이어간다. (그 결과 cnt는 3이 된다.)

cnt가 2이므로 조건은 True

```
while cnt < 3:
    print(cnt, end = ' ')
    cnt = cnt + 1
```

따라서 while에 속한 문장들 실행,
그 결과 cnt는 3이 된다

[그림 08-3: while 3회전]

다시 while 조건을 확인한다. 그런데 현재 cnt의 값은 3이므로 조건 cnt < 3은 False이다. 따라서 다음과 같이 while 루프를 탈출한다.

cnt가 3이므로 조건은 False

```
while cnt < 3:
    print(cnt, end = ' ')
    cnt = cnt + 1
```

따라서 이 부분 건너뛰고,
while 루프 탈출

[그림 08-4: while 루프 탈출]

그러니까 while 루프의 〈조건〉은 '반복을 위한 조건'이다.

08-3 for 루프와 while 루프의 비교

for 루프와 while 루프는 코드의 반복 실행에 사용된다는 공통점이 있다. 그러나 이 둘 사이에는 차이점도 있다. for 루프는 〈반복의 횟수〉를 지정하는 반면, while 루프는 〈반복의 조건〉을 지정한다는 확실한 차이점이 있다.

    for 〈변수〉 in 〈반복 범위〉:
        〈for에 속하는 문장들〉

    while 〈반복 조건〉:
        〈조건이 True인 경우 반복 실행할 문장들〉

그러나 대부분의 경우 for 루프로 작성한 코드를 while 루프로 대신할 수 있고, 반대로 while 루프로 작성한 코드도 for 루프로 대신할 수 있다. 예를 들어서 1부터 10까지 더하는 코드를 앞서 우리는 for 루프를 이용해서 작성했었다. 그런데 다음과 같이 while 루프로도 작성할 수 있다.

```python
# while_sum.py
def main():
    i = 1
    sum = 0        # 1부터 10까지의 합이 이 변수에 저장된다.
    while i < 11:      # i의 값이 11보다 작은 동안 반복
        sum = sum + i      # sum의 값을 i만큼 증가
        i = i + 1      # i의 값을 1 증가
    print("sum =", sum, end = ' ')

main()
```

```
sum = 55
```

비록 for 루프로 작성했던 코드를 while 루프로 작성하는데 성공은 했지만 코드는 조금 복잡해졌다. 그럼 어떠한 코드가 while 루프로 작성하기에 적당할까? 다음과 같은 질문에 답을 하는 코드를 작성할 때에는 while 루프로 작성하는 것이 더 어울린다.

"1부터 더해 나가다가 몇을 더했을 때 처음으로 100을 넘기게 되나요?"

그러니까 다음과 같이 더해 나갈 때, 합이 100을 넘기는 순간이 언제인지 묻는 것이다.

    1 + 2 + 3 + 4 + • • • •

이 질문에 답을 하는 코드에도 반복이 필요하다. 그런데 100을 넘길 때까지 덧셈을 계속해 나간다는 '반복 조건'이 있는 상황이므로 이 경우에는 while 루프를 쓰는 것이 더 어울린다. 그럼 위 질문에 답을 하는 다음 코드를 보자.

```python
# while_over100.py
def main():
    i = 1
    sum = 0
    while sum <= 100:       # sum의 값이 100 이하인 경우에만 반복을 해라!
        sum = sum + i
        i = i + 1
    print(i-1, "더했을 때의 합", sum, end = ' ')

main()
```

14 더했을 때의 합 105

이렇듯 '반복의 횟수가 정해지지 않은 경우'에는 while 루프를 이용하는 것이 좋다. for 루프를 이용할 수도 있지만 while 루프를 이용하는 것이 더 자연스럽다.

[연습문제 08-1]

■ 문제 1

0부터 시작해서 값을 하나씩 증가시키며 9까지 출력을 보이는 코드를 while 루프를 기반으로 작성해
보자.

■ 문제 2

9에서부터 값을 하나씩 감소시키며 0까지 출력을 보이는 코드를 while 루프를 기반으로 작성해보자.

■ 문제 3

다음 수식의 빈칸에 들어갈 '수'를 찾는 코드를 작성해보자. 단 빈칸에 들어갈 수는 1부터 시작해서 1씩
증가시켜가면서 찾기로 하자.

$3 \times \square \div 2 = 63$

빈칸에 들어갈 '수'를 찾는 코드는 다음과 같은 방식으로 작성하기로 하자.

```
>>> num = 0      # num의 값이 위 수식의 빈칸에 넣어 볼 값이다.
>>>      # 필요하면 변수도 선언하고
>>>      # 이 위치에서 while 루프를 작성한다.
. . . .
>>> num       # while 루프 탈출 후, num에는 빈칸에 들어갈 수 42가 저장돼 있어야 한다.
42
```

다양한 결과가 존재할 수 있는데, 위에서 보이듯이 최종적으로 num에 저장된 값이 42이면, 그리고
while 루프를 통해서 그 값을 찾았다면 모두 답으로 인정한다.

답안은 출판사 홈페이지 및 저자 카페를 통해 제공합니다.

이번에는 break라는 명령문을 소개하겠다. 이는 while 루프나 for 루프 안에서 사용해야 한다. 그리고 break가 실행되면 이 명령문이 포함된 while 루프나 for 루프를 빠져나가게 된다. 그럼 간단한 예를 통해서 break의 실행 결과를 보이겠다.

```python
# while_break.py
def main():
    i = 0
    while i < 100:
        print(i, end = ' ')
        i = i + 1
        if i == 20:
            break      # 이 문장이 속한 while 루프를 빠져나간다.

main()
```

```
0 1 2 3 4 5 6 7 8 9 10 11 12 13 14 15 16 17 18 19
```

위 예제의 while 루프는 다음과 같다. while 루프 안에 if문이 포함되어 있는 구조이다.

```
while i < 100:
    print(i, end = ' ')
    i = i + 1
    if i == 20:        while 루프에 속한 if문과 break
        break
```

[그림 08-5: while 루프 안에 있는 break]

비록 break가 if문에 속해 있지만 그래도 break가 while 루프 안에 존재한다는 사실은 달라지지 않는다. 그리고 위의 while 루프는 0부터 99까지 출력하도록 되어 있다. 그런데 'i의 값이 20일 때 break가 실행되는 if문'이 삽입되어 있어서 99까지가 아니라 19까지만 출력되었다. 참고로 지금 보인 if문처럼 if문에 속한 문장이 하나인 경우 다음과 같이 한 줄에 표현하기도 한다는 사실도 알아 두기 바란다.

```
if i == 20: break
```

그럼 이번에는 1부터 더해가다 몇을 더했을 때 처음 100을 넘기는지 계산하는 코드를 while 루프와 break를 기반으로 작성해 보겠으니, 앞서 구현했던 예제 while_over100.py와 비교 관찰해보자.

```
# while_over100_break.py
def main():
    i = 1
    sum = 0
    while True:
        sum = sum + i
        if sum > 100:       # sum > 100 이면 아래의 break가 실행된다.
            print(i, "더했을 때의 합", sum, end = ' ')
            break
        i = i + 1

main()
```

```
14 더했을 때의 합 105
```

위의 예제에서는 다음과 같이 while 옆에 True를 가져다 놓았다.

```
while True:
    <조건이 True인 경우 반복 실행할 문장들>
```

이 경우 〈반복 조건〉이 항상 True이므로 이는 빠져나가지 못하는 구조의 while 루프가 된다. 그리고 이러한 구조의 while 루프를 가리켜 '무한 루프'라 한다. 물론 절대로 빠져나가지 못하는 while 루프를 만들면 이는 잘못이다. 그러나 예제에서는 다음 코드를 while 루프 안에 둠으로 인해서 빠져나갈 수 있는 길을 마련해 두었다.

```
if sum > 100:      # sum이 100보다 크면,
    print(i, "더했을 때의 합", sum, end = ' ')
    break          # (sum이 100보다 크면) 빠져나간다.
```

이렇듯 while 루프를 기반으로 '무한 루프'를 형성하고, 그 안에 탈출을 위한 break문을 삽입하는 형태도 자주 사용하는 코드 구성이다.

[연습문제 08-2]

■ 문제 1

6과 45의 최소공배수를 구하는 코드를 while 루프 기반으로 작성해보자. 참고로 6으로도 나눠지고 45로도 나눠지는 값들 중에서 제일 작은 값이 '최소공배수'이다. 따라서 45부터 시작해서 값을 1씩 증가시켜가면서 6과 45로 나누어떨어지는 첫 번째 값을 찾으면 된다. 코드는 다음과 같이 작성하자.

```
>>> lcm = 0      # 변수 lcm을 선언하고, 그리고 필요하면 변수를 추가로 선언하고
>>>              # 변수 lcm에 최소공배수를 찾아서 저장하는 코드를 구성하고
. . . .
>>> lcm          # 변수 lcm에 저장된 값을 출력한다. (90이 출력되어야 정답이다.)
90
```

■ 문제 2

42와 120의 최대공약수를 구하는 코드를 while 루프 기반으로 작성해보자. 참고로 42도 나눌 수 있고 120도 나눌 수 있는 값들 중에서 제일 큰 값이 '최대공약수'이다. 따라서 42부터 시작해서 값을 1씩 감소시켜가면서 42와 120을 나눌 수 있는 값을 찾으면 된다. 코드는 다음과 같이 작성하자.

```
>>> gcm = 0      # 변수 gcm을 선언하고, 그리고 필요하면 변수를 추가로 선언하고
>>>              # 변수 gcm에 최대공약수를 찾아서 저장하는 코드를 구성하고
. . . .
>>> gcm          # 변수 gcm에 저장된 값을 출력한다. (6이 출력되어야 정답이다.)
6
```

답안은 출판사 홈페이지 및 저자 카페를 통해 제공합니다.

08-5 · continue

while 루프와 for 루프 안에서 사용할 수 있는 명령문으로 break 이외에 continue라는 것이 있어서 이를 소개하고자 한다. 먼저 다음 코드를 보자. 이는 1부터 10까지 출력하는 단순한 코드이다.

```
>>> for i in range(1, 11):
        print(i, end = ' ')

1 2 3 4 5 6 7 8 9 10
```

위의 코드에 다음 내용을 추가하려고 한다. 위의 코드를 수정하지 않고 다음 문장의 역할을 하는 코드를 추가하려고 한다.

　"짝수이면 출력을 건너뛴다."

그리고 이 역할을 하는 코드는 다음과 같다.

```
if i % 2 == 0:      # i가 짝수이면,
    continue        # for에 속한 문장들 중 나머지 부분 생략
```

그럼 위의 문장을 넣어서 실행해보겠다.

```
>>> for i in range(1, 11):
        if i % 2 == 0:
            continue
        print(i, end = ' ')    # 위의 continue가 실행되면 이 문장을 건너뛴다.

1 3 5 7 9
```

먼저 말하고 싶은 사실은 다음과 같다.

"break는 for 루프를 빠져나가지만 continue는 빠져나가지 않는다."

continue가 실행되면 for 루프에 속한 나머지 문장들을 건너 뛰고 그 다음 반복을 이어가게 된다. 예를 들어서 위의 for 루프에서 i가 2이면 if의 〈조건〉이 True가 되어 continue가 실행되는데, 그러면 이어서 등장하는 for 루프의 나머지 문장들은 다 건너뛰고(위의 경우 그 문장의 수가 하나이다) i는 3이 된 상태에서 다시 반복을 이어가게 된다.

```
for i in range(1, 11):          i는 3이 되고,
                                   다시 for에 속한 문장들 실행
    if i % 2 == 0:
        continue     ●    i가 2이면 continue 실행

    print(i, end = ' ')
```

[그림 08-6: continue의 동작 방식]

자! 그럼 이번에는 while 루프에 continue를 넣어 보겠다. 이를 위해 먼저 다음 코드를 보자.

```
>>> i = 0
>>> while i < 10:
        i = i + 1
        print(i, end = ' ' )

1 2 3 4 5 6 7 8 9 10
```

위의 예에서는 1부터 10까지 출력을 진행하고 있다. 그런데 이 코드에 다음 문장을 하나 넣어서 3의 배수는 출력되지 않도록 하려고 한다. 어디에 다음 문장을 넣으면 되겠는가?

```
if i % 3 == 0: continue        # if에 속한 문장이 하나라 이렇듯 한 줄에 표현 가능
```

3의 배수인 경우 다음 문장을 실행하지 않아야 하므로,

```
print(i, end = ' ' )
```

다음과 같이 print 함수 호출문 앞에 두어서, i의 값이 3의 배수인 경우 print 함수 호출문을 건너뛰도록 하면 된다.

```
>>> i = 0
>>> while i < 10:
        i = i + 1
        if i % 3 == 0: continue    # i가 3의 배수이면 다음 문장 건너뜀
        print(i, end = ' ')

1 2 4 5 7 8 10
```

[연습문제 08-3]

■ 문제 1

다음은 구구단 중에서 7단을 출력하는 예제이다.
```
>>> for i in range(1, 10):
        print(7 * i, end = ' ')

 7 14 21 28 35 42 49 56 63
```

위의 예제에 continue 관련 코드를 넣어서 결과가 짝수인 경우에만 출력되도록 해보자. 즉 7은 출력되지 않고 14는 출력되어야 한다.

■ 문제 2

2 이상 100 미만의 정수 중에서 2로도 나누어지지 않고 동시에 3으로도 나누어지지 않는 수를 찾아서 출력하는 코드를 while 루프를 기반으로 작성해보자.

■ 문제 3

문제 2의 결과에서 continue를 사용하지 않았다면 이번에는 continue를 사용하는 방식으로 코드를 수정해보자. 반대로 문제 2에서 continue를 사용했다면 이번에는 continue를 사용하지 않는 방식으로 코드를 수정해보자.

답안은 출판사 홈페이지 및 저자 카페를 통해 제공합니다.

for 루프 안에 for 루프가 존재할 때, 이를 가리켜 '이중 for 루프'라 한다. 그럼 일단 다음 코드를 통해서 이중 for 루프의 흐름을 분석해보자.

```
>>> for i in [1, 2]:       # 바깥쪽 for 루프
        for j in ['a', 'b', 'c']:      # 안쪽 for 루프
            print(j * i, end = ' ')


a b c aa bb cc
```

위 예의 이중 for 루프 구조는 다음과 같다.

```
for i in [1, 2]:
    for j in ['a', 'b', 'c']:      안쪽 for 루프
        print(j * i, end = ' ')
```

[그림 08-7: 이중 for 루프의 구조]

분석의 시작은 바깥쪽 for 루프에서 시작한다. 바깥쪽 for 루프에 의해서 그 안쪽에 위치한 for 루프가 반복 실행되는 구조이다. 즉 변수 i가 1일 때 다음의 형태로 안쪽 for 루프가 실행이 된다. (그리고 a b c가 출력된다.)

```
for j in ['a', 'b', 'c']:
    print(j * 1, end = ' ')        # 변수 i의 값이 1인 상태로 안쪽 for 루프 실행
```

그리고 이어서 변수 i가 2가 되어 다음 형태로 안쪽 for 루프가 실행이 된다. (그래서 aa bb cc가 출력된다.)

```
for j in ['a', 'b', 'c']:
    print(j * 2, end = ' ')        # 변수 i의 값이 2인 상태로 안쪽 for 루프 실행
```

결론적으로 안쪽에 있는 for 루프를 반복 실행하는 구조가 이중 for 루프이다. 그럼 이중 for 루프가 필요한 예를 하나 보이겠다. 다음은 리스트 안에 담겨 있는 문자열들 안에 문자 'r'이 몇 번 등장하는지 세어보는 예제이다.

```
>>> sr = ['father', 'mother', 'brother']
>>> cnt = 0          # 'r'이 등장하는 횟수를 세기 위한 변수
>>> for s in sr:          # 변수 s에 문자열이 하나씩 담긴다.
        for c in s:            # 변수 c에 문자가 하나씩 담긴다.
            if c == 'r':
                cnt += 1

>>> cnt
4
```

위의 예에서 바깥쪽 for 루프는 변수 s에 다음 순서대로 문자열을 담는다.

```
'father', 'mother', 'brother'
```

따라서 안쪽 for 루프는 총 3회 반복 실행되는데, 처음 안쪽 for 루프가 실행될 때의 상황은 다음과 같다.

```
for c in 'father':
    if c == 'r':
        cnt += 1
```

그리고 두 번째로 안쪽 for 루프가 실행될 때의 상황은 다음과 같다.

```
for c in 'mother':
    if c == 'r':
        cnt += 1
```

그리고 마지막으로 안쪽 for 루프가 실행될 때의 상황은 다음과 같다.

```
for c in 'brother':
    if c == 'r':
        cnt += 1
```

이렇듯 저장하고 있는 값의 구조 때문에 이중 for 루프를 작성해야 하는 경우가 있으므로, 다음 연습문제를 풀면서 이중 for 루프를 작성하는 연습을 하자.

[연습문제 08-4]

이중 for 루프를 기반으로 구구단을 2단부터 9단까지 전부 출력하는 코드를 만들어보자. 출력의 형태는 다음과 같이 결과만 보여도 된다.

```
2 4 6 8 10 12 14 16 18
3 6 9 12 15 18 21 24 27
4 8 12 16 20 24 28 32 36
5 10 15 20 25 30 35 40 45
6 12 18 24 30 36 42 48 54
7 14 21 28 35 42 49 56 63
8 16 24 32 40 48 56 64 72
9 18 27 36 45 54 63 72 81
```

답안은 출판사 홈페이지 및 저자 카페를 통해 제공합니다.

Chapter 09

튜플과 레인지

09-1. 튜플(Tuple)

09-2. 튜플을 어디다 쓸 것인가?

09-3. 튜플 관련 함수와 연산들

09-4. 말이 나온 김에 리스트 안에 저장된 데이터를 바꿔보자.

09-5. 범위를 지정하는 레인지

09-6. 레인지 범위 거꾸로 지정하기

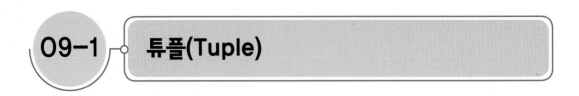

이번에 소개하는 '튜플'이라는 것도 파이썬이 인식하는 데이터의 한 종류이다. 그런데 튜플은 리스트와 유사한 부분이 많으니 일단 다음과 같이 리스트 관련 예를 제시하고 나서 설명을 진행하겠다.

```
>>> lst = [1, 2, 3]
>>> lst
[1, 2, 3]
>>> type(lst)
<class 'list'>
```

위의 출력 결과는 우리에게 익숙하다. 그럼 이번에는 튜플을 보이겠다.

```
>>> tpl = (1, 2, 3)        # 튜플은 이렇게 만든다.
>>> tpl
(1, 2, 3)
>>> type(tpl)
<class 'tuple'>
```

위의 예를 통해서 다음 사실들을 알 수 있다.

"리스트는 [. . .] 으로 표현하지만 튜플은 (. . .) 으로 표현한다."

"튜플 역시 리스트와 마찬가지로 파이썬이 인식하는 데이터의 한 종류이다."

"튜플 역시 리스트와 마찬가지로 하나 이상의 값을 묶는 용도로 사용된다."

그렇다면 이 둘의 차이점은 무엇일까? 리스트는 다음과 같이 값을 추가하거나,

```
>>> lst = [1, 2]
>>> lst.append(3)      # 리스트 끝에 3을 추가
>>> lst
[1, 2, 3]
```

다음과 같이 저장된 값을 수정할 수 있다.

```
>>> lst = [1, 2, 3]
>>> lst[0] = 7         # 맨 앞에 있는 값을 7로 수정
>>> lst
[7, 2, 3]
```

그러나 튜플은 값을 추가하거나 수정할 수 없다. 그러니까 처음 만들어진 상태 그대로 사용해야 한다. 문자열처럼 말이다.

"튜플은 한 번 만들어지면 그 내용을 수정하지 못한다."

만약에 튜플에 저장된 값을 수정하려 하면 다음과 같이 오류가 발생한다.

```
>>> tpl = (1, 2, 3)
>>> tpl[0]        # 이렇듯 값을 참조하는 것은 YES!
1
>>> tpl[0] = 7         # 이렇듯 값을 수정하는 것은 Error!
Traceback (most recent call last):
  File "<pyshell#34>", line 1, in <module>
    tpl[0] = 7
TypeError: 'tuple' object does not support item assignment
```

09-2 ─ 튜플을 어디다 쓸 것인가?

튜플의 성격을 알았으니 이제 이것을 어디에 써먹을지 생각해 보자. 솔직히 말해서 지금 생각에는 튜플이 필요 없어 보인다. 리스트가 있으니 말이다. 그렇지 않은가? 사실 튜플을 공부하고 난 다음에도 이게 왜 필요한지 알지 못하는 경우가 많다. 자! 그럼 예를 하나 들겠다. 3학년 2반 친구들의 이름과 생년월일 정보를 리스트에 다음과 같이 담았다.(아래에서 131120은 2013년 11월 20일을 의미한다.)

```
>>> frns = ['동수', 131120, '진우', 130312, '선영', 130904]
>>> frns
['동수', 131120, '진우', 130312, '선영', 130904]
```

나쁘지 않아 보인다. 그런데 정보를 확인할 때 조금 불편한다. 예를 들어서 진우의 이름과 생년월일 정보를 출력하려면 다음과 같이 해야 한다.

```
>>> frns[2]      # 진우의 이름 출력 따로
'진우'
>>> frns[3]      # 진우의 생년월일 출력 따로
130312
```

혹시 실수로 다음과 같이 밀려서 출력할 수도 있는 일이다. 그리고는 선영의 생년월일이 130312라고 오해할 수도 있다.

```
>>> frns[3]      # 밀렸다! 이건 진우의 생년월일 정보다!
130312
>>> frns[4]      # 밀렸다! 선영이의 이름이 출력되었다.
'선영'
```

그래서 '이름이랑 생년월일 정보를 묶어서 관리하는 것이 좋겠다.'는 생각이 든다. 그리고 다음과 같은 형태로 리스트를 다시 구성하였다. 이는 아주 잘한 일이다.

```
>>> frns = [['동수', 131120], ['진우', 130312], ['선영', 130904]]
```

그랬더니 다음과 같이 진우의 정보를 확인하는 것도 한결 편해졌다. 이름과 생년월일 정보가 섞일 일도 없다.

```
>>> frns[1]        # 진우 정보 출력~
['진우', 130312]
```

그런데 이 정도에 만족하지 말고 조금 더 생각해보자. 진우가 13년 03월 12일에 태어났다는 사실은 변하지 않는다. 그럼에도 불구하고 리스트로 이름과 생년월일 정보를 묶었기 때문에 다음과 같은 위험에 노출되어 있는 상태이다.

"진우의 생년월일 정보는 누군가의 실수로 언제든지 바뀔 수 있다."

그래서 다음과 같이 튜플로 묶어서 코드에 안전성을 부여하는 것이 좋다. 이제 이름과 생년월일 정보를 튜플로 묶었으니 실수로라도 정보가 바뀌는 일은 일어나지 않는다.

```
>>> frns = [('동수', 131120), ('진우', 130312), ('선영', 130904)]
>>> frns[2]
('선영', 130904)
```

지금 든 예를 통해서 리스트가 있음에도 불구하고 튜플이 존재하는 이유를 이해했을 것이다. 실제로 튜플이 필요한 대부분의 상황이 지금 언급한 상황과 성격상 유사하다. 따라서 지금 설명한 이 상황을 기억해 두면 필요할 때 적절히 튜플을 사용할 수 있을 것이다.

O9-3 튜플 관련 함수와 연산들

먼저, 튜플을 전달하면서 호출할 수 있는 함수들을 소개하면 다음과 같다. 그런데 좀 익숙하지 않은 가? 본적 있는 함수들 아닌가?

len(s)   튜플 s의 길이(s에 저장된 값의 개수) 반환

min(s)   튜플 s에 저장된 값 중에서 가장 작은 값 반환

max(s)   튜플 s에 저장된 값 중에서 가장 큰 값 반환

우리는 위의 함수들에 리스트나 문자열을 전달한 바 있다. 즉 위의 함수들은 리스트, 문자열을 대상으로 동작할 뿐만 아니라 다음과 같이 튜플을 대상으로도 동작한다.

```
>>> nums = (3, 2, 5, 7, 1)
>>> len(nums)      # 값의 개수는?
5
>>> max(nums)      # 최댓값은?
7
>>> min(nums)      # 최솟값은?
1
```

그리고 짐작했겠지만 튜플도 리스트나 문자열과 마찬가지로 객체이다. 따라서 튜플이 갖고 있는 함수들도 다음과 같이 존재한다.

s.count(x)   튜플 s에 저장된 x의 개수 반환

s.index(x)   튜플 s에 저장된 첫 번째 x의 인덱스 값 반환

그리고 이 둘의 사용 예를 보이면 다음과 같다.

```
>>> nums = [1, 2, 3, 1, 2]
>>> nums.count(2)      # 2가 몇 번 등장해?
```

```
2
>>> nums.index(1)       # 가장 앞에(왼쪽에) 저장된 1의 인덱스 값은?
0
```

그리고 리스트를 대상으로 다음과 같이 다양한 연산을 한 바 있는데,

```
>>> nums = [1, 2, 3]
>>> 3 in nums            # nums에 3이 있니?
True
>>> 2 not in nums        # num에 2가 없니?
False
>>> nums + [4, 5]        # num에 [4, 5]를 덧붙인 결과는?
[1, 2, 3, 4, 5]
>>> nums * 2             # nums를 두 개 덧붙인 결과는?
[1, 2, 3, 1, 2, 3]
>>> nums[0:3]            # nums[0] ~ num[2]을 꺼내면?
[1, 2, 3]
```

튜플을 대상으로도 이 모든 연산이 가능하다. 물론 결과도 완전히 동일하다.

```
>>> nums = (1, 2, 3)
>>> 3 in nums            # nums에 3이 있니?
True
>>> 2 not in nums        # num에 2가 없니?
False
>>> nums + (4, 5)        # num에 (4, 5)를 덧붙인 결과는?
(1, 2, 3, 4, 5)
>>> nums * 2             # nums를 두 개 덧붙인 결과는?
(1, 2, 3, 1, 2, 3)
>>> nums[0:3]            # nums[0] ~ num[2]을 꺼내면?
(1, 2, 3)
```

위의 예를 보면서 다음과 같이 묻고 싶을지도 모르겠다.

  "튜플은 한번 만들면 수정을 못하지 않나요?"

위에서 보인 다음 세 연산의 결과로 nums에 저장된 튜플이 수정된 게 아니라 새로운 튜플의 생성된 것이다. 그래서 문제가 없다.

```
nums + (4, 5)        nums에 저장된 튜플과 (4, 5)를 합한 새로운 튜플 생성
nums * 2             nums에 저장된 튜플 두 개를 이어 놓은 새로운 튜플 생성
nums[0:3]            num에 저장된 튜플의 일부로만 이뤄진 새로운 튜플 생성
```

마지막으로 리스트를 기반으로 for 루프를 작성할 수 있듯이, 튜플을 기반으로도 다음과 같이 for 루프를 작성할 수 있다.

```
>>> for i in (1, 3, 5, 7, 9):
        print(i, end = ' ' )

1 3 5 7 9
```

따라서 튜플에 저장된 값을 대상으로 반복할 내용이 있다면 위와 같이 for 루프를 구성하면 된다.

[연습문제 09-1]

튜플을 인자로 전달하면, 이를 리스트로 바꿔주는 함수를 만들어보자. 예를 들어서 to_list라는 이름으로 함수를 만들었다면 다음과 같이 동작해야 한다.
```
>>> ds = (1, 2, 3)      # 튜플이다!
>>> ds = to_list(ds)     # 튜플 줄게 리스트 다오
>>> ds
[1, 2, 3]
```

만약에 함수를 제대로 만들었다면, 다음과 같이 이 함수는 문자열을 대상으로도 잘 동작할 것이다.
```
>>> ds = "hello"        # 문자열이다!
>>> ds = to_list(ds)      # 문자열 줄게 리스트 다오
```

```
>>> ds
['h', 'e', 'l', 'l', 'o']
```

답안은 출판사 홈페이지 및 저자 카페를 통해 제공합니다.

O9-4 말이 나온 김에 리스트 안에 저장된 데이터를 바꿔보자.

앞서 튜플을 설명하면서 다음 모양의 리스트를 만든 적이 있다.

```
>>> frns = [['동수', 131120], ['진우', 130312], ['선영', 130904]]
```

이 상태에서 진우의 정보를 대신해서 그 위치에 수진의 정보를 넣으려면 다음과 같이 하면 된다.

```
>>> frns[1] = ['수진', 131122]
>>> frns
[['동수', 131120], ['수진', 131122], ['선영', 130904]]
```

뭐 여기까지는 아는 내용이다. 그런데 이 상태에서 수진의 생년월일을 130102로 수정하려면 어떻게 해야 할까? (물론 생년월일을 수정할 일은 없겠지만) 현재 상태에서 frns[1]은 ['수진', 131122]을 의미한다. 따라서 다음과 같이 판단해 볼 수 있다.

frns[1][0]이 의미하는 바는 '수진'이다.

frns[1][1]이 의미하는 바는 131122이다.

그리고 실제로 확인해보면 이 판단이 틀리지 않았음을 알 수 있다.

```
>>> frns[1][0]
'수진'
>>> frns[1][1]
131122
```

따라서 수진의 생년월일은 다음과 같이 수정하면 된다.

```
>>> frns[1][1] = 130102
>>> frns
[['동수', 131120], ['수진', 130102], ['선영', 130904]]
```

이러한 접근 방법은 리스트 안에 튜플이 저장된 경우에도 달라지지 않는다. 예를 들어서 다음과 같이 튜플이 저장된 리스트가 있다면,

```
>>> frns = [('동수', 131120), ('진우', 130312), ('선영', 130904)]
```

다음과 같이 동수의 이름과 생년월일 정보를 각각 출력하는 것이 가능하다.

```
>>> frns[0][0]
'동수'
>>> frns[0][1]
131120
```

그리고 튜플에 저장된 데이터가 수정 불가능한 것이므로 다음과 같이 리스트에 저장된 튜플 하나를 교체하는 것은 얼마든지 가능하다.

```
>>> frns = [('동수', 131120), ('진우', 130312), ('선영', 130904)]
>>> frns[0] = ('준현', 140101)    # '동수 튜플'을 대신해서 '준현 튜플'이
>>> frns
[('준현', 140101), ('진우', 130312), ('선영', 130904)]
```

범위를 지정하는 레인지

다음과 같은 유형의 for 루프를 보았을 때,

```
>>> for i in range(1, 11):
        print(i, end = ' ')


1 2 3 4 5 6 7 8 9 10
```

지금까지는 range(1, 11)를 리스트 [1, 2, 3, 4, 5, 6, 7, 8, 9, 10]을 대신하는 정도로만 이해해왔다. 그러나 이는 range 함수의 호출이다. 그리고 이 함수가 호출되면 객체가 생성되는데, 이 객체는 다음과 같이 변수에 저장할 수 있고 또 type 함수에 전달해서 데이터형도 확인할 수도 있다.

```
>>> r = range(1, 10)     # range 호출로 만들어진 객체를 변수 r에 담는다.
>>> type(r)    # 아래에 출력된 <class 'range'>는 전달된 값이 '레인지형'임을 의미함
<class 'range'>
```

그렇다면 range 함수가 만들어 낸 객체에는 어떤 정보가 담겨 있을까? 예를 들어서 다음과 같이 레인지 객체를 만들었다고 가정해보자.

```
 r = range(1, 1000)        # 1부터 999까지 범위의 레인지 객체
```

그러면 이때 만들어진, 변수 r에 저장된 레인지 객체에는 다음과 같은 정보가 담겨 있다. (이후부터 '레인지 객체'를 간단히 '레인지'라 부르겠다.)

[그림 09-1: 레인지가 담고 있는 정보]

즉 레인지가 담고 있는 정보는 다음과 같은 스타일의 '값의 범위'이다.

  "1 이상 1000 미만의 정수들"

예를 들어서 1 이상 1000 미만의 정수들을 리스트나 튜플에 담는다고 생각해보자. 생각만으로도 어지러운 일이다. 그래서 이런 상황에서 사용할 수 있도록 파이썬은 레인지라는 것을 제공하고 있다. 그리고 이렇듯 레인지는 범위 정보를 담고 있기 때문에 이를 대상으로 다음과 같이 in 연산이나 not in 연산도 할 수 있다.

```
>>> r = range(1, 10)
>>> 9 in r       # r이 저장한 레인지의 범위에 9가 들어가니?
True
>>> 10 not in r     # r이 저장한 레인지에 10이 안 들어가니?
True
```

그렇다면 레인지를 for 루프의 반복 범위를 지정하는 목적 이외에도 유용하게 사용할 수 있지 않을까? 물론이다. 다음 두 함수를 알면 레인지를 보다 유용하게 사용할 수 있다.

  list(s)   s의 내용으로 채워진 리스트를 만들어 주겠다.
  tuple(s)   s의 내용으로 채워진 튜플을 만들어 주겠다.

먼저 다음 예를 통해 list 함수의 기능을 확인해보자. 이 함수는 전달된 내용을 리스트에 담아서 반환해준다.

```
>>> list((1, 2, 3))    # 튜플을 리스트로
[1, 2, 3]
>>> list(range(1, 5))    # 레인지를 리스트로
[1, 2, 3, 4]
>>> list("Hello")    # 문자열을 리스트로
['H', 'e', 'l', 'l', 'o']
```

이와 유사하게 tuple 함수는 전달된 내용을 튜플에 담아서 반환해준다. 다음 예에서 보이듯이 말이다.

```
>>> tuple([1, 2, 3])    # 리스트를 튜플로
```

```
(1, 2, 3)
>>> tuple(range(1, 5))      # 레인지를 튜플로
(1, 2, 3, 4)
>>> tuple("Hello")          # 문자열을 튜플로
('H', 'e', 'l', 'l', 'o')
```

따라서 값이 일정하게 증가하는 긴 튜플 또는 리스트가 필요한 경우에, 예를 들면 다음과 같은 튜플이나 리스트가 필요한 경우에,

```
lst = [1, 2, 3, 4, 5, 6, 7, 8, 9, 10, 11, 12, 13, 14, 15]
tpl = (1, 2, 3, 4, 5, 6, 7, 8, 9, 10, 11, 12, 13, 14, 15)
```

다음과 같이 조금 세련되게 이를 만들 수 있다.

```
>>> lst = list(range(1, 16))      # 레인지를 넘겨서 리스트를 만듦
>>> lst
[1, 2, 3, 4, 5, 6, 7, 8, 9, 10, 11, 12, 13, 14, 15]
>>> tpl = tuple(range(1, 16))     # 레인지를 넘겨서 튜플을 만듦
>>> tpl
(1, 2, 3, 4, 5, 6, 7, 8, 9, 10, 11, 12, 13, 14, 15)
```

그리고 레인지는 다음과 같이 값이 일정하게 증가하도록 만들 수 있기에,

```
>>> range(1, 10, 2)        # 1부터 10 이전까지 2씩 증가하는 레인지
range(1, 10, 2)
>>> range(1, 10, 3)        # 1부터 10 이전까지 3씩 증가하는 레인지
range(1, 10, 3)
```

다음과 같이 값이 일정하게 증가하는 리스트도(물론 튜플도) 쉽게 만들 수 있다.

```
>>> list(range(1, 10, 2))      # 1부터 10 이전까지 2씩 증가하는 리스트 만들기
[1, 3, 5, 7, 9]
>>> list(range(1, 10, 3))      # 1부터 10 이전까지 3씩 증가하는 리스트 만들기
[1, 4, 7]
```

O9-6 · 레인지 범위 거꾸로 지정하기

다음 레인지 선언은,

```
range(2, 10)
```

값이 1씩 증가하므로 다음 레인지 선언과 완전히 동일하다. 즉 위의 경우 세 번째 전달인자 1이 생략된 것으로 볼 수 있다.

```
range(2, 10, 1)
```

실제로 그런지 확인하기 위해서 레인지를 리스트로 바꿔서 출력해보면 다음과 같다.

```
>>> list(range(2, 10))        # 2부터 1씩 증가하여 9까지 이르는 정수들
[2, 3, 4, 5, 6, 7, 8, 9]
>>> list(range(2, 10, 1))     # 2부터 1씩 증가하여 9까지 이르는 정수들
[2, 3, 4, 5, 6, 7, 8, 9]
```

마찬가지로 다음 레인지 선언은 세 번째 전달인자 1이 생략된 경우이므로,

```
range(10, 2)
```

다음 레인지 선언과 동일하다.

```
range(10, 2, 1)
```

그런데 10부터 시작해서 1씩 그 값이 증가하여 2에 가까워질 수가 없으므로, 그러니까 이를 만족하는 범위가 존재하지 않으므로 이렇게 만들어진 레인지는 텅 비게 된다.

```
>>> list(range(10, 2))     # 10부터 1씩 증가하여 2에 가까워지는 정수는 없다.
[]
>>> list(range(10, 2, 1))     # 10부터 1씩 증가하여 2에 가까워지는 정수는 없다.
[]
```

그러나 다음과 같이 세 번째 전달인자를 음수로 바꾸면 그 의미가 달라진다. 10에서 2 이전까지 값이 1씩 감소하는 형태로 레인지의 범위가 형성되기 때문이다.

```
range(10, 2, -1)      # 10부터 1씩 감소하여 2 이전까지(3까지) 이르는 정수들
```

세 번째 인자가 −1이므로 10에서 시작해서 2 이전까지(3까지) 그 값을 1씩 줄여가면서 레인지의 범위를 형성하게 된다.

```
>>> list(range(10, 2, -1))      # 10부터 1씩 감소하여 3까지 이르는 정수들
[10, 9, 8, 7, 6, 5, 4, 3]
>>> list(range(10, 2, -2))      # 10부터 2씩 감소하여 3까지 이르는 정수들
[10, 8, 6, 4]
>>> list(range(10, 2, -3))      # 10부터 3씩 감소하여 3까지 이르는 정수들
[10, 7, 4]
```

[연습문제 09-2]

■ 문제 1

구구단의 7단을 거꾸로 출력하는 코드를 for 루프와 range를 기반으로 만들어보자. 단, 출력 내용으로는 다음과 같이 결과만 보이기로 하자.

```
 63 56 49 42 35 28 21 14 7
```

■ 문제 2

다음 튜플을 만들어보자. 이 튜플은 1부터 시작해서 100까지 증가한다. 그리고 다시 1씩 줄어들어서 마지막에 1로 끝난다.

```
 (1, 2, 3, 4, 5, 6, 7 . . . 97, 98, 99, 100, 99, 98, 97, 96 . . . 5, 4, 3, 2, 1)
```

물론 위의 숫자를 모두 입력해서 만들라는 뜻이 아니다. 레인지와 이를 튜플로 바꿔주는 함수를 사용해서 한 줄에 입력 가능한 수준으로 만들어보라는 의미이다. 참고로 이러한 튜플을 만들려면 값이 증가하는 튜플과 감소하는 튜플을 각각 생성해서 이를 하나로 묶는 과정을 거쳐야 한다.

답안은 출판사 홈페이지 및 저자 카페를 통해 제공합니다.

Chapter 10

함수에 대한 추가적인 설명들

10-1. 함수 만들기 복습

10-2. 이름을 지정해서 값 전달하기

10-3. 디폴트 값

10-4. 함수의 매개변수 참조 관계

10-1 함수 만들기 복습

우리는 2장에서 함수 만드는 방법을 공부했다. 그리고 당시 만들어 봤던 함수의 유형은 다음과 같았다.

- 아무 값도 전달받지 않는 함수
- 값을 전달받는 함수
- 값을 반환하는 함수 (return 명령을 갖는 함수)

아무 값도 전달받지 않는 함수의 예는 다음과 같다.

```
>>> def greet():
        print("반갑습니다.")
        print("파이썬이 재미있으시죠?")

>>> greet()
반갑습니다.
파이썬이 재미있으시죠?
```

그리고 값을 전달받으면서 값을 반환도 하는 함수의 예는 다음과 같다.

```
>>> def adder(n1, n2):    # 전달되는 값을 매개변수 n1, n2로 받음
        r = n1 + n2
        return r      # r에 저장된 값을 반환

>>> adder(3, 4)
7
```

이 정도만 알아도 필요한 함수 대부분을 만들 수 있다. 그러나 함수에 대해서 조금 더 알면 보다 다양한
형태의 함수를 만들 수 있고 또 함수를 더 잘 사용할 수 있게 된다. 예를 들어서 함수에 대해 더 공부하

면 print 함수를 호출할 때 넘긴 〈end = ' '〉의 정체를 정확히 알 수 있다.

```
>>> for i in (1, 3, 5, 7, 9):
        print(i, end = ' ')      # 두 번째로 전달한 end = ' ' 의 정체는?

1 3 5 7 9
```

그럼 지금부터 함수와 관련된 문법을 조금 더 공부해보자. 한 번 읽으면 이해되는 수준이니 부담 없이 공부할 수 있다.

10-2 이름을 지정해서 값 전달하기

예를 들어서 다음과 같이 만들어진 함수가 있을 때에,

```
>>> def who_are_you(name, age):      # name과 age를 가리켜 매개변수라 한다.
        print("이름:", name)
        print("나이:", age)
```

이 함수를 호출하려면 다음과 같이 이름, 나이순으로 값을 전달해야 한다. (이미 아는 사실을 정리 차원에서 언급하고 있는 중이다.)

```
>>> who_are_you("윤성우", 22)    # 이름을 첫 번째 값으로 나이는 두 번째 값으로 전달
이름: 윤성우
나이: 22
```

만약에 값의 전달 순서가 뒤틀리면 다음과 같이 엉뚱한 결과를 보게 된다.

```
>>> who_are_you(22, "윤성우")
이름: 22
나이: 윤성우
```

그런데 필요하다면, 그리고 매개변수의 이름을 알고 있다면 다음과 같이 함수를 호출할 수도 있다.

```
>>> who_are_you(name = "윤성우", age = 24)    # name에 "윤성우", age에 24를 전달
이름: 윤성우
나이: 24
```

이는 매개변수 name에 "윤성우", 매개변수 age에 24를 지정해서 전달하는 방법이다. 이렇듯 매개변수의 이름을 지정해서 값을 전달하면 전달 순서는 상관이 없어진다. 즉 다음과 같이 이름과 나이 정보를 전달하는 순서가 바뀌어도 된다.

```
>>> who_are_you(age = 24, name = "윤성우")
이름: 윤성우
나이: 24
```

자! 그럼 이제는 다음 예에서 print 함수에 전달하는 두 번째 내용에 대해서 이해할 수 있을 것이다.

```
>>> for i in (1, 3, 5, 7, 9):
        print(i, end = ' ')    # 두 번째로 전달하는 end = ' ' 의 의미는?

1 3 5 7 9
```

즉 우리는 지금까지 print 함수의 end라는 매개변수에 ' '을 전달해왔던 것이다. 그럼 매개변수 end에 대해 알았으니 추가로 매개변수 sep도 소개하겠다. end에 전달된 내용은 다음과 같이 마지막에 추가로 출력이 된다.

```
>>> print(1, 2, 3, end = ' m^^m ')    # 출력의 끝에 ' m^^m ' 도 출력하라는 의미
1 2 3 m^^m
```

반면 print 함수의 매개변수 sep에 전달된 내용은 출력 내용들 사이사이에 출력이 되어 출력 내용을 구분하는 용도로 사용이 된다.

```
>>> print(1, 2, 3, sep = ', ')    # 출력 내용 사이사이에 ', '를 출력
1, 2, 3
```

물론 다음과 같이 매개변수 sep와 end에 값을 동시에 전달할 수도 있다.

```
>>> print(1, 2, 3, sep = ' _ ', end = ' m^^m ')
1 _ 2 _ 3 m^^m
```

[연습문제 10-1]

다음 예의 실행 결과를 관찰하자.
```
>>> for i in range(3):
    _____
```

```
1, 2, 3
2, 3, 4
3, 4, 5
```

그리고 동일한 실행 결과를 보이도록 빈 문장을 채워 넣자.

10-3 디폴트 값

함수를 만들 때 매개변수에 다음과 같이 '디폴트 값'이라는 것을 지정해 둘 수 있다.

```
>>> def who_are_you(name, age = 0):        # age의 디폴트 값은 0
        print("이름:", name)
        print("나이:", age)
```

모양새는 함수 호출 시 매개변수를 지정해서 값을 전달하는 것과 같다. 그러나 등장 위치가 다르다. 위와 같이 함수를 만들 때 등장하면 이는 '디폴트 값'이다.

```
def who_are_you(name, age = 0):        # age에 디폴트 값 0이 지정되었다.
```

그리고 이것이 의미하는 바는 다음과 같다.

"age를 채울 값이 전달되지 않으면 0을 대신 전달해주겠다."

따라서 위와 같이 who_are_you 함수의 매개변수 age에 디폴트 값이 지정되면, 다음과 같이 이름 정보만 전달하면서 who_are_you 함수를 호출할 수 있다.

```
>>> who_are_you("줴임스~")      # 나이 정보 전달하지 않은 경우
이름: 줴임스~
나이: 0
>>> who_are_you("쟌~", 29)      # 나이 정보 전달한 경우
이름: 쟌~
나이: 29
```

그런데 여기서 한가지 주의할 점이 있는데, 그것은 다음과 같이 함수를 정의하면 안 된다는 것이다.

```
>>> def who_are_you(age = 0, name):   # 디폴트 값이 있는 매개변수의 위치 오류
        print("이름:", name)
        print("나이:", age)


SyntaxError: non-default argument follows default argument
```

무슨 틀린 그림 찾기 하는 느낌일 텐데, 앞서 정의한 함수와의 차이점은 다음과 같다.

```
def who_are_you(name, age = 0):      # OK
    . . . .
def who_are_you(age = 0, name):      # ERROR
    . . . .
```

위에서 보이듯이, 함수를 만들 때 디폴트 값을 갖는 매개변수와 갖지 않는 매개변수가 함께 존재한다면, 반드시 디폴트 값을 갖는 매개변수가 뒤에 와야 한다. 예를 들어 매개변수가 총 4개이고 그중 2개가 디폴트 값을 갖는다면 다음과 같이 이 둘을 뒤쪽에 두어야 한다.

```
>>> def have_default_value(n1, n2, n3 = "df1", n4 = "df2"):
        print(n1, n2, n3, n4)

>>> have_default_value(1, 2, 3, 4)
1 2 3 4
>>> have_default_value(1, 2)
1 2 df1 df2
```

'왜 꼭 그래야 하나요~'라고 물을 수 있다. 그런데 곰곰이 생각해보면 그 이유를 알 수 있다. 예를 들어서 다음과 같이 함수가 만들어졌다고 가정해보자.

```
def func1(n1, n2 = 7):
    pass      # 이 위치에 pass라고 쓰면 아무 일도 하지 않는 함수가 만들어진다.
```

그러면 n1에만 값을 전달하고 n2에는 값을 전달하지 않을 수 있다. 다음과 같이 말이다.

```
func1(5)        # n1에는 5가 전달되고 n2에는 디폴트 값 7이 전달되는 상황
```

그런데 다음과 같이 함수가 만들어졌다고 가정해보자.

```
def func2(n1 = 7, n2):
    pass        # 이 위치에 pass라고 쓰면 아무 일도 하지 않는 함수가 만들어진다.
```

위의 함수를 대상으로 n2에만 5를 전달하는 방법이 있는가? func2(5)라고 호출하면 5는 첫 번째 매개변수인 n1에 전달되고 n2에는 아무것도 전달되지 않는다. 즉 위의 경우 디폴트 값이 쓸모가 없다. 그래서 위와 같은 함수 정의를 허용하지 않는 것이다.

10-4 함수의 매개변수 참조 관계

자! 지금부터 설명하는 내용은 조금 신경을 써서 봐야 한다. 일단 다음 예제를 관찰하자. 특히 출력 결과를 잘 살펴보자.

```
>>> def func(s):      # 전달되는 값이 리스트라고 가정하고 정의한 함수
        s[0] = 0      # 리스트의 첫 번째 값을 0으로 수정
        s[-1] = 0     # 리스트의 마지막 값을 0으로 수정

>>> st = [1, 2, 3]
>>> func(st)
>>> st    # 함수 호출 후에 st가 [1, 2, 3]에서 [0, 2, 0]으로 바뀌었다.
[0, 2, 0]
```

위 예제에서 이야기하고 싶은 내용은 다음과 같다.

"st에 담겨 있는 리스트 [1, 2, 3]이 매개변수 s에 어떻게 전달되는가?"

일단 위 예제에서 선언한 변수 st에는 다음과 같이 리스트가 담겨 있다.(st를 바구니가 아닌 이름표로 생각하고 읽어 내려가도 된다. 사실은 이름표이니 말이다.)

[그림 10-1: 매개변수 참조 관계 1]

그리고 이어서 다음과 같이 함수를 호출하였다. 즉 매개변수 s에 st가 가지고 있는 [1, 2, 3]을 전달하였다.

```
func(st)      # 인자로 전달한 st에는 [1, 2, 3]가 담겨있다.
```

그러면 인자 전달 이후 변수 st와 매개변수 s의 관계는 어떻게 될까? 일단 다음과 같은 상태를 생각해 볼 수 있다.(리스트가 복사되어 하나 더 만들어진 상태)

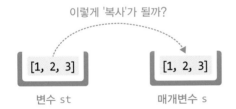

[그림 10-2: 매개변수 참조 관계 2]

그러나 파이썬은 매개변수를 위해 별도의 메모리 공간을 할당하지 않는다. 대신에 다음과 같이 메모리 공간에 하나의 이름을 더 붙이는 방식으로 '매개변수로 전달되는 값'을 처리한다.

[그림 10-3: 매개변수 참조 관계 3]

따라서 위 예제의 경우 func 함수가 호출되면 변수 st에 s라는 이름이 하나 더 붙게 된다. 그래서 함수 내에서 다음과 같이 리스트의 값을 수정하면, 변수 st에 담긴 리스트의 값이 실제로 바뀌게 되는 것이다.

```
def func(s):
    s[0] = 0        # 리스트의 첫 번째 값을 0으로 수정
    s[-1] = 0       # 리스트의 마지막 값을 0으로 수정
```

지금까지 매개변수에 리스트가 전달되면 어떻게 되는지 설명했는데, 이는 리스트에만 해당하는 얘기가 아니다. 파이썬의 모든 객체는 (그 종류에 상관없이) 매개변수에 전달되면 지금 설명한 방식으로 처리된다. 그러니까 이름이 하나 더 붙는다.

[연습문제 10-2]

함수를 하나 만들어보자. 이 함수는 리스트를 인자로 전달받는다. 그리고 인자로 전달된 리스트에 저장된 값들을 하나씩 증가시킨다. 즉 함수의 이름이 add1이라 하면 다음과 같은 결과를 보여야 한다.

```
>>> def add1(s):
        _____        # add1 함수의 정의, 여러 줄에 걸쳐서 만듦

>>> st = [1, 2, 3, 4, 5]
>>> add1(st)
>>> st
[2, 3, 4, 5, 6]
```

답안은 출판사 홈페이지 및 저자 카페를 통해 제공합니다.

Chapter **11**

'모듈의 이해' 그리고
'수학 모듈' 이용하기

11-1. 모듈을 만들어 봅시다.

11-2. 모듈을 가져다 쓰는 방법1

11-3. 모듈을 가져다 쓰는 방법2

11-4. as로 모듈의 이름 줄이기

11-5. 수학 관련 모듈

11-1 · 모듈을 만들어 봅시다.

원의 반지름 길이를 기준으로 원의 넓이를 구하는 공식은 다음과 같으며,

   반지름 × 반지름 × 원주율(3.14) = 원의 넓이

원의 반지름 길이를 기준으로 원의 둘레를 구하는 공식은 다음과 같다.

   반지름 × 2 × 원주율(3.14) = 원의 둘레

그리고 위의 두 공식을 기반으로 원의 넓이와 둘레 구하는 함수를 만든 결과는 다음과 같다.

```
>>> PI = 3.14      # 원주율
>>> def ar_circle(rad):        # 원의 넓이를 계산해서 반환하는 함수
        return rad * rad * PI


>>> def ci_circle(rad):        # 원의 둘레를 계산해서 반환하는 함수
        return rad * 2 * PI
```

참고로 위의 두 함수의 return문은 각각 다음과 같은데,

   return rad * rad * PI   # rad * ad * PI를 계산한 다음 그 값을 반환
   return rad * 2 * PI   # rad * 2 * PI를 계산한 다음 그 값을 반환

이렇듯 return 옆에 수식이 올 경우, 그 수식이 먼저 계산되고 그 결과가 반환이 된다. 그럼 위의 두 함수를 호출해서 원의 둘레와 넓이를 계산해 보겠다.

```
>>> ar_circle(1.4)      # 반지름이 1.4인 원의 넓이는?
6.1544
>>> ci_circle(1.4)      # 반지름이 1.4인 원의 둘레는?
8.792
```

앞서 4장에서 실수의 계산에는 오차가 발생할 수 있음에 대해 설명했으니, 계산 결과에 작은 오차가 발생하더라도 신경 쓰지 말자. 위에서 보인 것처럼 반지름으로 1.4가 입력되면 오차가 보이지 않지만 다른 수가 입력되면 오차가 눈에 보일 수 있다.

자! 그럼 다시 본론으로 돌아와서, 이렇게 잘 만들어 놓은 두 함수를 그냥 소멸시키려니 아깝다. 그래서 파일에 담아두려고 한다. 다음과 같이 circle.py라는 이름으로 말이다. 그래서 필요할 때마다 가져다 쓰려고 한다. 또 누군가 필요하다면 나눠주려고 한다.

```
# circle.py
PI = 3.14    # 원주율
def ar_circle(rad):       # 원의 넓이를 계산해서 반환하는 함수
    return rad * rad * PI


def ci_circle(rad):       # 원의 둘레를 계산해서 반환하는 함수
    return rad * 2 * PI
```

이렇게 해서 만들어진 또 하나의 소스파일을 가리켜 '모듈(module)'이라 한다. 참고로 '모듈'이라 하면 이렇듯 필요할 때 가져다 쓸 수 있는, 또는 다른 프로그램의 일부가 될 수 있는 내용을 담고 있는 파일을 의미한다. 그러나 보편적으로 파이썬의 모든 소스파일을 그냥 '모듈'이라 부르는 경우도 많다.

11-2 모듈을 가져다 쓰는 방법 1

자! 그럼 우리가 만든 모듈을 사용해보자. 일단 앞서 만든 모듈의(소스파일의) 이름은 다음과 같다.

circle.py

그리고 이 모듈에 존재하는 두 함수를 사용하는 프로그램의 예는 다음과 같다.

```
# circle_test1.py
import circle    # circle.py 모듈을 가져다 쓰겠다는 선언!

def main():
    r = float(input("반지름 입력: "))
    ar = circle.ar_circle(r)      # circle.py의 ar_circle 함수 호출 방법
    print("넓이:", ar)
    ci = circle.ci_circle(r)      # circle.py의 ci_circle 함수 호출 방법
    print("둘레:", ci)

main()
```

```
반지름 입력: 5.5
넓이: 94.985
둘레: 34.54
```

일단 앞서 작성했던 모듈 circle.py를 위의 예에서 가져다 쓰려면 이 둘을 같은 위치에 두어야 한다. 즉 circle.py와 circle_test1.py는 같은 폴더에 저장된 상태여야 한다. 그럼 위의 내용을 보자. 제일 먼저 등장하는 문장은 다음과 같다.

```
import circle      # import circle.py가 아니라, import circle임에 주의!
```

이는 circle.py에 존재하는 내용을 가져다 쓰겠다는 선언이다. 이 선언을 해야 circle.py에 저장되어 있는 함수를 호출할 수 있다. 그리고 함수를 호출할 때에도 다음과 같이 '~에 존재하는 함수를 호출한다.'는 식으로 문장을 구성해야 한다.

```
ar = circle.ar_circle(r)      # circle.py에 있는 ar_circle 함수 호출
ci = circle.ci_circle(r)      # circle.py에 있는 ci_circle 함수 호출
```

그런데 모듈에 존재하는 모든 함수가 아닌, 특정 함수 하나만 가져다 쓰겠다고 선언하는 방법도 있다. 이와 관련해서 다음 예를 보자.

```
# circle_test2.py
from circle import ar_circle      # circle.py에서 ar_circle 함수를 가져다 쓰겠다.
from circle import ci_circle      # circle.py에서 ci_circle 함수를 가져다 쓰겠다.

def main():
    r = float(input("반지름 입력: "))
    ar = ar_circle(r)     # circle.py의 ar_circle 함수 호출
    print("넓이:", ar)
    ci = ci_circle(r)     # circle.py의 ci_circle 함수 호출
    print("둘레:", ci)

main()
```

```
반지름 입력: 5.5
넓이: 94.985
둘레: 34.54
```

위의 예에서는 다음과 같이, 가져다 쓰겠다는 선언을 함수별로 하였다.

```
from circle import ar_circle      # circle.py에서 ar_circle 함수 갖다 쓰겠음.
from circle import ci_circle      # circle.py에서 ci_circle 함수 갖다 쓰겠음.
```

그런데 이렇게 함수 단위로 선언을 하면, 다음과 같이 모듈 이름 없이 함수의 이름만으로 호출이 가능하다는 특징이 있다.

```
ar = ar_circle(r)     # 모듈 이름 없이 함수 호출 가능!
ci = ci_circle(r)     # 모듈 이름 없이 함수 호출 가능!
```

그리고 위 예제에서는 다음과 같이 두 개의 함수 각각에 대해 from ~ import ~ 선언을 했는데,

```
from circle import ar_circle
from circle import ci_circle
```

다음과 같이 한 문장으로 위의 두 문장을 대신하는 것도 가능하다.

```
from circle import ar_circle, ci_circle    # circle.py에서 ar_circle, ci_circle 가져다 쓰겠음!
```

지금 설명한 두 가지 방법이 모듈에 저장된 함수를 가져다 쓰는 가장 일반적인 방법이다. 따라서 특별히 문제가 있는 상황이 아니라면 지금 설명한 두 가지 방법 중 하나를 선택해서 사용하면 된다.

11-3 모듈을 가져다 쓰는 방법 2

모듈을 가져다 쓰는 방법과 관련해서 계속 이야기를 이어가겠다. 어떤 한 친구가 다음과 같이 프로그램을 작성해서 사용하고 있었다고 가정하자.

```python
# circle_simple.py
def ar_circle(rad):      # 원의 넓이를 계산해서 출력
    print("넓이: ", rad * rad * 3.14)
def ci_circle(rad):      # 원의 둘레를 계산해서 출력
    print("둘레: ", rad * 2 * 3.14)

def main():
    r = float(input("반지름 입력: "))
    ar_circle(r)
    ci_circle(r)

main()
```

```
반지름 입력: 1.2
넓이: 4.5216
둘레: 7.536
```

위의 프로그램에도 원의 넓이와 둘레를 구하는 함수가 존재한다. 그런데 앞서 우리가 만들었던 두 함수와는 차이가 있다. 넓이를 구하는 함수만 비교해보면, 앞서 만들었던 함수는 다음과 같이 넓이를 계산해서 그 결과를 반환해 준다.

```
def ar_circle(rad):       # 앞서 정의한 함수
    return rad * rad * PI       # 계산 결과를 반환
```

반면에 위의 예에서 만든 함수는 다음과 같이 값을 반환하지 않고 그냥 출력을 한다.

```
def ar_circle(rad):       # 바로 위의 예에서 정의한 함수
    print("넓이: ", rad * rad * 3.14)   # 계산 결과를 print 함수에 전달해서 출력
```

필요에 맞게 함수를 만들어서 사용한 것이니까 뭐가 더 좋은 함수인지 따질 필요는 없다. 그런데 위의 예제를 작성한 친구가 다음과 같은 고민에 빠졌다고 가정해보자.

"원의 넓이와 둘레의 합도 계산해야 해!"

분명 이 상황에서는 문제가 된다. 왜냐하면 이 친구가 만든 두 함수는 원의 넓이와 둘레 정보를 출력만 할 뿐이기 때문이다. 그래서 우리는 센스 있게 다음과 같은 제안을 이 친구에게 했다.

"내가 만든 circle.py를 가져다 써봐"

그래서 이 친구는 다음과 같이 예제를 수정했다. 그런데 여기에는 문제가 좀 있다. 어떤 문제가 있는지 한번 생각해보자.

```
# circle_simple2.py
from circle import ar_circle   # circle.py의 ar_circle 함수를 가져다 쓰려고 한 선언
from circle import ci_circle   # circle.py의 ci_circle 함수를 가져다 쓰려고 한 선언

def ar_circle(rad):       # 원의 넓이를 출력, 원래 가지고 있던 함수
    print("넓이: ", rad * rad * 3.14)
def ci_circle(rad):       # 원의 둘레를 출력, 원래 가지고 있던 함수
    print("둘레: ", rad * 2 * 3.14)

def main():
    r = float(input("반지름 입력: "))
    ar_circle(r)     # 위에 있는 함수를 호출하려는 상황
    ci_circle(r)     # 위에 있는 함수를 호출하려는 상황
```

```
    sum = ar_ circle(r) + ci_circle(r)   # circle.py에 있는 두 함수를 호출하려는 상황
    print("넓이와 둘레의 합: ", sum)

main()
```

위 예제는 실행 중간에 오류가 발생하는데 그 이유는 다음과 같다.

"예제에서 만든 함수의 이름과 가져다 쓰려는 함수의 이름이 똑같다."

즉, 두 함수의 이름이 구분되지 않아서 문제가 된다. 파이썬은 이 상황에서 어떤 함수를 호출해야 할지 판단하지 못하기 때문에 문제가 된다. 자! 그럼 이런 상황의 문제를 어떻게 해결해야 할까? 일단 위 예제의 다음 두 선언을 보자.

```
from circle import ar_circle      # circle.py의 ar_circle을 갖다 쓰겠음
from circle import ci_circle      # circle.py의 ci_circle을 갖다 쓰겠음
```

위의 두 선언을 다음과 같이 바꿔주면 문제는 해결이 된다.

```
from circle import ar_circle as ac   # circle.py의 ar_circle을 ac라는 이름으로 갖다 쓰겠음
from circle import ci_circle as cc   # circle.py의 ci_circle을 cc라는 이름으로 갖다 쓰겠음
```

위의 선언은 가져다 쓸 함수의 이름을 임시로 바꾸는 선언이다. 즉 circle.py의 두 함수의 이름을 각각 ac와 cc라는 이름으로 바꿨다. 따라서 이후로 ac라는 이름으로 함수를 호출하면 circle.py의 ar_circle 함수가 호출된다. 때문에 위의 예제는 다음과 같이 바꾸면 정상적으로 실행된다.

```
# circle_simple2.py
from circle import ar_circle as ac      # 가져다 쓸 ar_circle을 ac라는 이름으로
from circle import ci_circle as cc      # 가져다 쓸 ci_circle을 cc라는 이름으로

def ar_circle(rad):        # 원의 넓이를 출력
    print("넓이: ", rad * rad * 3.14)
def ci_circle(rad):        # 원의 둘레를 출력
    print("둘레: ", rad * 2 * 3.14)

def main():
```

```
        r = float(input("반지름 입력: "))
        ar_circle(r)
        ci_circle(r)
        sum = ac(r) + cc(r)        # circle.py에 있는 두 함수 호출
        print("넓이와 둘레의 합: ", sum)

    main()
```

```
반지름 입력: 1.5
넓이: 7.065
둘레: 9.42
넓이와 둘레의 합: 16.485
```

11-4 as로 모듈의 이름 줄이기

바로 위에서 as를 이용해서 함수의 이름을 임시로 바꾸는 방법을 소개하였다. 그런데 as는 가져다 쓸 모듈의 이름을 바꿀 때에도 사용할 수 있다. 다음은 앞서 보였던 예제의 일부이다.

```
# circle_test1.py
import circle        # circle.py 모듈을 가져다 쓰겠다는 선언!
```

```
def main():
    r = float(input("반지름 입력: "))
    ar = circle.ar_circle(r)     # circle.py의 ar_circle 함수 호출 방법
    . . . .
```

그런데 위 예제에서 circle이라는 이름을 cc로 줄여서 사용하게 할 수 있다. 다음과 같이 import 선
언을 조금만 수정하면 된다.

```
# circle_test3.py
import circle as cc    # circle.py 모듈을 cc라는 이름으로 가져다 쓰겠다는 선언!

def main():
    r = float(input("반지름 입력: "))
    ar = cc.ar_circle(r)     # cc라는 이름으로 circle.py의 함수를 호출한다.
    . . . .
```

간혹 모듈의 이름이 긴 경우를 볼 수 있다. 그런 경우 이를 대신해서 간단한 이름을 사용하는 것이 편하
기 때문에 위와 같이 import ~ as ~ 선언을 하는 경우도 있다.

11-5 수학 관련 모듈

다음과 같이 불리는 가전제품들이 있다. 이런 종류의 가전제품들에 대해서는 엄마들이 잘 안다. 아마도 대부분의 경우 아빠보다 엄마가 더 잘 알 것이다.

빌트인 냉장고, 빌트인 세탁기, 빌트인 오븐

이렇게 앞에 '빌트인(built-in)'이라는 단어가 붙은 가전제품들을 가리켜 '빌트인 가전제품'이라 하는데, 이는 처음 집이 지어질 때 함께 세팅되어서 들어가는 가전제품을 뜻한다. 쉽게 말해서 새집을 샀는데 그 집안에 냉장고와 세탁기가 있었다면, 그 제품들이 바로 빌트인 가전제품들이다.

자! 그럼 파이썬으로 돌아와서, 파이썬에는 '빌트인 함수(built-in function)'라는 것이 있는데 이는 파이썬을 설치하면 기본적으로 제공되는 함수를 뜻한다. 예를 들어서 우리가 가장 많이 호출해 왔던 print 함수도 빌트인 함수 중 하나이다.

"import 선언 없이 그냥 언제든 호출 가능한 함수를 가리켜 빌트인 함수라 한다."

참고로 프롬프트상에서 빌트인 함수의 이름을 입력하면, 그 함수가 빌트인 함수라고 프롬프트가 말해준다.

```
>>> print
<built-in function print>
>>> input
<built-in function input>
```

그리고 '빌트인 모듈'이라는 것도 있다. 이것은 뭐 짐작이 가겠지만, 파이썬이 기본적으로 제공하는 모듈을 뜻한다. 따라서 빌트인 모듈은 모듈의 저장 위치를 신경 쓰지 않고 언제 어디서든 import 선언을 해서 그 안에 있는 함수들을 호출할 수 있다.

"빌트인 모듈은 import 선언만 하면 언제든 그 안에 있는 함수들을 호출할 수 있다."

파이썬에는 많은 수의 빌트인 모듈이 존재하는데, 지금 당장 그걸 다 알아야 하는 것은 아니다. 지금은 빌트인 모듈의 의미를 알고 또 이를 가져다 쓰는 방법만 알면 충분하다. 그래서 이를 위해 다음 빌트인 모듈을 가져다 써보려고 한다.

- 모듈 이름   math
- 모듈 기능   수학 관련 함수들로 채워져 있으며 그 수가 40개를 넘는다.

math 모듈에 존재하는 함수의 수만도 40개를 넘는다. 그리고 시간이 지남에 따라 새로운 함수가 추가될 수도 있다. 무엇보다 그 함수들을 다 알려면 이공계 대학에 다니는 대학생 형이나 누나 정도는 되어야 한다. 따라서 아래에 정리된 내용을 모두 알려고 할 필요는 없다. 중학교 1학년 정도면 배우는 절댓값을 구하는 함수인 fabs 정도만 알고 넘어가도 되고 나머지는 필요할 때 참조하면 된다.

`math.pi`	π
`math.e`	e
`math.sin(x)`	$\sin x$
`math.cos(x)`	$\cos x$
`math.tan(x)`	$\tan x$
`math.asin(x)`	$\arcsin x$
`math.acos(x)`	$\arccos x$
`math.atan(x)`	$\arctan x$
`math.log(x)`	$\ln x$
`math.log10(x)`	$\log_{10} x$
`math.log2(x)`	$\log_2 x$
`math.exp(x)`	e^x
`math.sqrt(x)`	$\sqrt{x}$
`math.fabs(x)`	$\lvert x \rvert$
`math.degrees(x)`	`convert radians to degrees`
`math.radians(x)`	`convert degrees to radians`

일단 절댓값을 계산해서 반환하는 fabs 함수의 호출 예를 보이겠다.

```
>>> import math       # math 모듈 가져다 쓰겠다는 선언
>>> math.fabs(-10)    # math 모듈의 fabs 함수 호출
10.0
```

위에서 보이듯이 math 모듈에 대해서 import 선언을 하고 math 모듈에 있는 fabs 함수를 호출하면 된다. 이로써 빌트인 모듈을 사용하는 방법의 설명을 마치겠다.

자! 그런데 위의 함수들을 당장 사용해야 하는 분들을 위해 추가로 알아야 할 내용 하나만 더 언급하겠다. (이는 필요한 분만 보면 되는 내용이다.) 각도를 나타내는 방법에는 두 가지가 있다. 예를 들어서 직각은 다음과 같이 두 가지 방법으로 나타낼 수 있다.

직각에 대한 degree 표현 $\qquad$ $90°$

직각에 대한 radian 표현 $\qquad$ $\dfrac{\pi}{2}$

그런데 위에서 보인 함수들 중에서 삼각법과 관련된 모든 함수들에는 인자로 radian 단위의 값을 전달해야 한다. 따라서 $45°$에 대한 다음 값들을 알고 싶다면,

```
sin 45   cos 45   tan 45
```

다음과 같이 함수에 radian 값을 바로 전달하거나, ($45°$는 $\pi/4$이다.)

```
>>> import math
>>> math.sin(math.pi/4)        # math.pi는 π, 그리고 π는 radian 단위의 값
0.7071067811865475
>>> math.cos(math.pi/4)
0.7071067811865476
>>> math.tan(math.pi/4)
0.9999999999999999
```

다음과 같이 radians 함수를 이용해서 값을 바꿔서 전달해야 한다. (import math는 한번 했으면 반복하지 않아도 된다.)

```
>>> import math
>>> math.sin(math.radians(45))    # 45를 radian 단위로 바꿔서 sin 함수의 인자로 전달
0.7071067811865475
>>> math.cos(math.radians(45))
0.7071067811865476
>>> math.tan(math.radians(45))
0.9999999999999999
```

참고로 위의 경우에도 아주 사소한 오차가 발생했는데 대부분의 경우 이는 문제가 되지 않는다. 오차가 전혀 없을 것 같은 공학 분야에서도 근사치(approximation)를 구할 수밖에 없는 경우가 상당하고 또 이것이 문제가 되지 않기 때문이다. 사실 우리가 사용하는 원주율 3,141592… 역시 근사치 값 아닌가!

Chapter 12

딕셔너리(Dictionary)

12-1. 딕셔너리의 이해

12-2. 딕셔너리의 데이터 참조, 수정, 추가, 삭제

12-3. 연산자 == 을 대상으로 관찰하는 딕셔너리의 성격

12-4. in 연산과 not in 연산

12-5. 딕셔너리의 for 루프

12-1 딕셔너리의 이해

이번에 소개하는 '딕셔너리'도 리스트나 튜플과 같이 데이터의 한 종류인데, 일단 생김새는 다음과 같다.

```
>>> dc = {'정은호': '010-3333-56XX', '구아나': '010-2222-65XX'}    # 딕셔너리
>>> dc
{'정은호': '010-3333-56XX', '구아나': '010-2222-65XX'}
```

위에서 보인 딕셔너리에 저장된 데이터의 수는 두 개이고, 이 둘은 각각 다음과 같이 이름과 전화번호 정보를 하나의 '쌍(pair)'으로 해서 이뤄져 있다.

```
'정은호': '010-3333-56XX'
'구아나': '010-2222-65XX'
```

즉 딕셔너리는 { . . } 으로 감싸서 표현하며 이 안에 저장되는 값의 형태는 다음과 같아야 한다.

```
key : value
```

딕셔너리에 저장되는 하나의 값에는 두 가지 정보가 담기는데, 그중 하나를 '키(key)'라 하며 다른 하나를 '값(value)'이라 한다. 즉 위의 예에서 사람의 이름 '정은호'와 '구아나'는 키에 해당하며 이들의 전화번호는 값에 해당한다.

우리 주변에는 '쌍(pair)'을 이루는 데이터들이 상당히 많다. 따라서 이러한 것들을 저장하고 관리해야 하는 상황에서는 딕셔너리를 유용하게 사용할 수 있는데, 편의점에서 판매하는 음료의 가격 정보를 그 예로 들 수 있다. (아래에서 900은 900원을 의미한다. 즉 단위는 '원'이라고 가정한다.)

```
>>> dc = {
        '코카콜라': 900,
        '바나나맛우유': 750,
        '비타500': 600,
        '삼다수': 450
```

```
        }
>>> dc
{'코카콜라': 900, '바나나맛우유': 750, '비타500': 600, '삼다수': 450}
```

위에서 보인 것처럼 딕셔너리에 값을 저장할 때에는 구분이 잘 되도록 여러 줄에 걸쳐서 그 내용을 쓸 수 있으며 이는 매우 괜찮은 선택이다. 그리고 위의 경우 '키'는 문자열인 반면 '값'은 정수이다. 이렇듯 키와 값은 무엇이든 될 수 있다. (단 리스트는 키로 둘 수 없다.) 다음에서 보이듯이 튜플을 값으로 두는 것도 된다. 물론 리스트를 값으로 두는 것도 된다.

```
dc = {
    '코카콜라': (900, '탄산음료'),
    '바나나맛우유': (750, '유제품'),
    '비타500': (600, '비타민음료'),
    '삼다수': (450, '생수')
    }
```

그리고 딕셔너리에 저장되는 값의 종류는 각각 달라도 되며 때로는 그렇게 저장하는 것이 필요할 때도 있다. 다음의 예와 같이 말이다.

```
>>> dc = {
        '이름': '이순둥',      # 값이 문자열
        '나이': 19,           # 값이 정수
        '직업': '학생',        # 값이 문자열
        '키': 175.8           # 값이 실수
        }
>>> dc
{'이름': '이순둥', '나이': 19, '직업': '학생', '키': 175.8}
```

한가지 주의할 점은 '값'은 중복되어도 괜찮지만 '키'는 이름 그대로 '값을 꺼내는 열쇠'의 의미를 갖기 때문에 중복될 수 없다는 것이다. 예를 들어서 다음과 같이 서로 다른 키에 같은 값을 저장하는 것은 가능하다.

```
>>> dc = {
        '이순둥': 22,
        '정순둥': 22,
        '김순둥': 22
        }
>>> dc
{'이순둥': 22, '정순둥': 22, '김순둥': 22}
```

그러나 다음과 같이 같은 키의 데이터가 둘 이상 저장되면 이는 엉뚱한 결과로 이어진다.

```
>>> dc = {
        '이순둥': 22,      # 키가 '이순둥'
        '이순둥': 23,      # 이것도 키가 '이순둥'
        '이순둥': 24       # 이것 역시 키가 '이순둥'
        }
>>> dc
{'이순둥': 24}
```

같은 키의 데이터를 여럿 저장했더니 마지막에 저장된 데이터만 남는 결과로 이어졌다. 즉 딕셔너리에
는 하나의 키만 존재할 수 있다. 정리하면, 키는 값을 꺼내는 열쇠로 사용된다. (어떻게 열쇠로 사용되
는지 잠시 후에 보인다.) 그래서 하나의 딕셔너리 안에 동일한 키가 둘 이상 존재할 수 없다.

12-2 딕셔너리의 데이터 참조, 수정, 추가, 삭제

값을 저장하는 이유는 필요할 때 꺼내기 위함이니, 저장된 값의 참조 방법부터 설명하겠다. 다음은 음료 별 가격 정보를 저장하고 있는 딕셔너리이다. 아래에 담긴 내용을 보면 코카콜라가 900원임을 알 수 있다.

```
>>> dc = {
        '코카콜라': 900,        # 코카콜라 900원
        '바나나맛우유': 750,     # 바나나맛우유 750원
        '비타500': 600,        # 비타500은 600원
        '삼다수': 450          # 삼다수 450원
        }
```

이 상황에서 편의점 점원이 삼다수의 가격을 알고 싶다면 다음과 같이 물어야 한다.

"삼다수의 가격이 얼마야?"

즉 점원의 물음에 키 정보인 '삼다수'가 등장하였다. 그리고 딕셔너리를 대상으로 이렇게 묻는 방법은 다음과 같다.

```
>>> v = dc['삼다수']      # '삼다수'에 해당하는 값을 꺼내 옴, 이때 '삼다수'가 열쇠임
>>> v
450
```

형태는 인덱싱 연산을 하는 것과 같은데, 이때 인덱스 값을 대신해서 '키'를 사용하게 된다. 즉 위의 경우 '삼다수'가 열쇠가 되어 그에 해당하는 값을 꺼낸 것과 같다. 그럼 삼다수의 값이 100원 올라서 550으로 가격 정보를 수정해야 한다면? 다음과 같이 하면 된다.

```
>>> dc['삼다수'] = 550      # '삼다수'에 해당하는 값을 550으로 수정
>>> dc
{'코카콜라': 900, '바나나맛우유': 750, '비타500': 600, '삼다수': 550}
```

물론 다음과 같이 수정해도 된다.

```
>>> dc['삼다수'] += 100        # '삼다수'에 해당하는 값을 100 증가
>>> dc
{'코카콜라': 900, '바나나맛우유': 750, '비타500': 600, '삼다수': 550}
```

그럼 이번에는 데이터를 추가해보자. 편의점에서 판매하는 음료 품목에 다음 제품이 추가되었다. 그래서 이 정보를 딕셔너리에 담아야 하는 상황이다.

- 음료 이름: 카페라떼
- 음료 가격: 1300원

그렇다면 다음과 같이 하면 된다.

```
>>> dc['카페라떼'] = 1300       # 이 경우에는 데이터의 추가로 이어진다.
>>> dc
{'코카콜라': 900, '바나나맛우유': 750, '비타500': 600, '삼다수': 550, '카페라떼': 1300}
```

모양새가 값의 수정과 동일하다. 그러나 '카페라떼'라는 키가 없는 상황에서 위와 같은 연산을 하면, 이는 데이터의 추가로 이어진다.

마지막으로 삭제 방법을 소개하겠다. '비타500'을 더 이상 편의점에서 판매하지 않기로 했다면, 그래서 딕셔너리에서 이 정보를 삭제해야 한다면 다음과 같이 하면 된다.

```
>>> del dc['비타500']        # '비타500'에 대한 정보 삭제
>>> dc
{'코카콜라': 900, '바나나맛우유': 750, '삼다수': 550, '카페라떼': 1300}
```

앞서 6장에서 리스트에 저장된 값의 삭제 방법을 설명하면서 del을 처음 소개하였다. 그때 소개한 del이 딕셔너리에 저장된 데이터의 삭제에도 사용된다.

12-3 연산자 == 을 대상으로 관찰하는 딕셔너리의 성격

어느 정도 딕셔너리에 대해 알았다. 그리고 데이터의 참조, 수정, 추가, 삭제의 방법도 알았으니 사용하는데 무리가 없을 것이다. 그런데 추가로 알아야 할 딕셔너리의 특성이 있다. 먼저 다음 예를 보자. 딕셔너리의 특성을 설명하기 위해서 잠깐 리스트와 관련된 예를 보이겠다.

```
>>> t1 = [1, 2, 3]
>>> t2 = [1, 2, 3]
>>> t3 = [3, 2, 1]
>>> t1 == t2     # t1과 t2가 같은가? 저장 내용과 순서가 같아서 True
True
>>> t1 == t3     # t1과 t3가 같은가? 이 경우 저장 순서가 달라서 False
False
```

위의 결과에 대해서 별다른 설명은 필요 없을 듯하다. 다음 사실만 짚고 넘어가면 말이다.

"두 리스트의 == 연산의 결과가 True이려면, 저장된 값과 순서가 모두 같아야 한다."

그럼 이번에는 딕셔너리를 대상으로 하는 다음 예를 보자.

```
>>> d1 = {1: 'a', 2: 'b'}
>>> d2 = {1: 'a', 2: 'b'}
>>> d3 = {2: 'b', 1: 'a'}
>>> d1 == d2     # d1과 d2가 같은가? 저장 내용이 같아서 True
True
>>> d1 == d3     # d1과 d3가 같은가? 저장 내용이 같아서 이 경우에도 True
True
```

위의 예에서는 다음 두 딕셔너리가 같다고 말을 하고 있다. 물론 저장 내용은 같다. 그러나 저장 순서가 다르지 않은가!

```
d1 = {1: 'a', 2: 'b'}
d3 = {2: 'b', 1: 'a'}
```

그러나 파이썬 관점에서 이 둘은 완전히 같다. 그리고 그렇게 판단하는 근거는 다음과 같다.

"딕셔너리의 데이터는 저장 순서가 의미가 없어요."

파이썬은 딕셔너리에 저장된 데이터의 저장 순서에 관심이 없다. 저장 순서를 기억할 필요가 없는(저장 순서가 의미가 없는) 데이터들을 담기 위해 만들어진 것이 딕셔너리이기 때문이다. 그래서 위에서 보이듯이 두 딕셔너리에 저장된 값의 수와 종류만 같다면 == 연산의 결과로 True를 반환한다. 그러니 저장 순서가 중요한 데이터가 있다면 그것은 딕셔너리에 담지 말자.

12-4 · in 연산과 not in 연산

다음과 같이 두 개의 딕셔너리가 존재하는 상황을 생각해보자. 하나는 '음료 정보'를, 다른 하나는 '과자 정보'를 담는 용도의 딕셔너리이다. 즉 담는 데이터의 종류가 구분되어 있다.

```
>>> dc1 = {'코카콜라': 900, '삼다수': 450}       # '음료 정보'들의 모음
>>> dc2 = {'새우깡': 700, '콘치즈': 850}       # '과자 정보'들의 모음
```

그런데 새우의 가격이 올랐다. 그래서 새우깡의 가격을 다음과 같이 950원으로 수정해야 하는 상황이다.

```
>>> dc2['새우깡'] = 950       # dc2에는 '과자 정보'가 담겨 있으므로 OK!
>>> dc2
{'새우깡': 950, '콘치즈': 850}
```

위와 같이 작업을 하면 문제가 없다. 그런데 실수로 다음과 같이 '음료 정보'를 담고 있는 딕셔너리를 대상으로 작업을 할 수도 있는 일이다.

```
>>> dc1['새우깡'] = 950          # 실수로 '음료 정보'가 담긴 딕셔너리에 접근함
```

그러면 엉뚱하게도 '음료 정보'에 새우깡의 가격 정보가 추가되는 상황이 만들어진다. 그렇다면 이러한 실수를 막기 위해 어떠한 조치를 취할 수 있을까? 생각보다 간단하다. 다음과 같이 in 연산을 통해서 딕셔너리에 특정 키가 있는지 확인할 수 있으므로,

```
>>> '새우깡' in dc2          # dc2에 '새우깡' 키가 있는가?
True
```

아래에서 보이듯이 '새우깡'의 가격 정보 수정에 앞서, 해당 딕셔너리에 '새우깡'이라는 키가 있는지 확인만 하면 된다.

```
>>> if '새우깡' in dc2:          # '새우깡'이라는 키가 dc2에 존재하면,
        dc2['새우깡'] = 950          # 값을 950으로 수정
```

물론 딕셔너리를 대상으로 not in 연산도 가능하므로 다음과 같은 코드를 작성할 수도 있다.

```
>>> if '카페라떼' not in dc1:          # '카페라떼'라는 키가 dc1에 존재하지 않으면,
        dc1['카페라떼'] = 1200          # '카페라떼' : 1200 추가
```

여기서 잊지 말아야 할 것은, in과 not in 연산을 통해서 존재 유무를 확인하는 대상은 '값'이 아니라 '키'라는 사실이다.

12-5 · 딕셔너리의 for 루프

다음과 같이 과자 정보를 담고 있는 딕셔너리가 존재하는 상황에서 밀가루 가격이 상승해서 모든 과자의 가격을 70원씩 전부 올려야 한다고 가정하자.

```
>>> dc = {'새우깡': 700, '콘치즈': 850, '꼬깔콘': 750}        # 과자 정보
```

그런데 일일이 키 넣어가며 다음과 같은 방법으로 모든 과자의 가격을 수정하는 것은 무리다.

```
dc['새우깡'] += 70
```

일단 위의 예에서는 과자의 종류가 셋이지만 실제로는 수십 가지에 이를 것이고, 또 모든 과자의 이름을 진열대에 가서 확인하는 것도 어려운 일이다. 그리고 혹시라도 하나 빼먹을 수 있는 일 아닌가? 자! 그래서 이 어려운 상황을 해결하기 위해서 딕셔너리를 대상으로 for 루프를 구성해보려고 한다. 그럼 먼저 다음 예를 보자.

```
>>> dc = {'새우깡': 700, '콘치즈': 850, '꼬깔콘': 750}
>>> for i in dc:      # i에 저장되는 것은 '키'이다.
        print(i, end = ' ')

새우깡 콘치즈 꼬깔콘
```

위의 예를 통해서 알 수 있는 사실 두 가지는 다음과 같다.

딕셔너리를 대상으로 for 루프 구성이 가능하다!

실제로는 딕셔너리의 '키'를 대상으로 for 루프가 돌아간다!

따라서 모든 과자의 가격을 70원씩 올리려면 다음과 같이 for 루프를 구성하면 된다. 그러면 키를 몰라도 과자의 수가 많아도 걱정이 없다.

```
>>> dc = {'새우깡': 700, '콘치즈': 850, '꼬깔콘': 750}
>>> for i in dc:
        dc[i] += 70


>>> dc
{'새우깡': 770, '콘치즈': 920, '꼬깔콘': 820}
```

[연습문제 12-1]

■ 문제 1
과자의 가격 정보가 담겨있는 다음 딕셔너리를 보자.
    dc = {'새우깡': 700, '콘치즈': 850, '꼬깔콘': 750}

여기에 다음 정보를 추가하는 코드를 작성해보자.
    '홈런볼' : 900

■ 문제 2
문제 1의 결과에 이어서 모든 과자의 가격을 100원씩 올려보자.

■ 문제 3
'콘치즈'의 이름이 '치즈콘'으로 바뀌었다. 따라서 다음 정보를 삭제하고(문제 2에서 과자 가격을 100원씩 올려서 콘치즈 현재 가격은 950원임),
    '콘치즈': 950

이어서 다음 정보를 추가해야 하니, 문제 2의 결과를 대상으로 이 두 작업을 진행해보자.
    '치즈콘': 950

답안은 출판사 홈페이지 및 저자 카페를 통해 제공합니다.

Chapter **13**

클래스와 객체

13-1. 전역변수와 지역변수

13-2. 객체지향 프로그래밍

13-3. 클래스와 객체 이전의 프로그램에 대한 반성

13-4. 클래스와 객체의 이해

13-5. 나이 정보 관리하는 이전 예제의 수정 결과

13-6. self 너 뭐냐!

13-7. self 이외의 매개변수를 갖는 함수들 정의해보기

13-8. 생성자

13-9. 사실 파이썬의 모든 데이터는(값은) 객체

13-1 전역변수와 지역변수

이번 장에서는 클래스와 객체에 대해서 설명한다. 그런데 그에 앞서 '변수의 선언 위치'가 갖는 의미를 알 필요가 있어서 이를 먼저 설명하려 한다. 우리가 지금까지 선언해 왔던 변수는 다음과 같이 두 부류로 나눌 수 있다.

- 함수 안에 선언되는 변수　　　　〈지역변수〉
- 함수 밖에 선언되는 변수　　　　〈전역변수〉

그리고 다음 예에서 보이듯이, 함수 안에 선언된 변수는 함수 안에서만 접근이 가능하다. 물론 이는 매개변수도 마찬가지이다. 매개변수도 함수 안에서만 접근 가능하다. 즉 지역변수의 범주에 매개변수도 포함이 된다.

```
>>> def func(n):      # 매개변수 n도 지역변수 범주에 포함된다. (지역변수의 일종이다.)
        lv = n + 1     # 지역변수 lv의 선언, 그리고 매개변수 n에 접근
        print(lv)      # 지역변수 lv에 접근

>>> func(12)
13
```

만약에 다음과 같이 함수 밖에서 접근하면 그런 변수를 알지 못한다는 내용의 오류 메시지를 보게 된다.

```
>>> def func(n):
        lv = n + 1     # 지역변수 lv의 선언
        print(lv)

>>> print(lv)    # 함수 밖에서 지역변수 lv에 접근, 따라서 오류!
Traceback (most recent call last):
  File "<pyshell#22>", line 1, in <module>
    print(lv)
NameError: name 'lv' is not defined
```

사실 지역변수는 함수 내에서 만들어졌다가 함수를 벗어나면 사라지는 변수이다. 따라서 함수 밖에서 접근이 가능할 리 없다.

"지역변수는 함수 내에서 만들어졌다가 함수를 벗어나면 사라지는 변수이다."

반면 함수 밖에서 선언되는 전역변수는 선언된 이후 어디서든 접근이 가능하다. 다음 예에서 보이듯이 이후에 만들어지는 함수 내에서도 접근이 가능하다.

```
>>> cnt = 100      # 함수 밖에서 선언된 전역변수 cnt
>>> cnt += 1       # 전역변수 cnt에 접근!
>>> def func():
        print(cnt)          # 함수 내에서 전역변수 cnt에 접근!

>>> func()
101
```

위의 예에서는 func 함수 내에서 전역변수 cnt에 저장된 값을 출력하였다. 이렇듯 함수 내에서는 얼마든지 함수 밖에 선언된 변수에 접근할 수 있다. 단! 다음과 같이 접근하는 경우에는 주의가 필요하다.

```
>>> cnt = 100      # 전역변수 cnt 선언
>>> def func():
        cnt = 0      # 어떤 의미로 해석이 될까?
        print(cnt)     # 어떤 cnt의 값을 출력할까?

>>> func()
0
>>> print(cnt)      # 전역변수 cnt의 값 출력
100
```

위 예의 func 함수 내에는 다음 문장이 존재한다.

```
def func():
    cnt = 0      # 어떤 의미로 해석이 될까?
    print(cnt)     # 어떤 cnt의 값을 출력할까?
```

그리고 이는 전역변수 cnt의 값을 0으로 수정하는 결과로 이어지지 않고 다음 결과로 이어진다.

"지역변수 cnt를 선언하고 여기에 0을 저장한다."

즉 변수 하나를 더 만든 셈이다. 그리고 이렇듯 전역변수와 동일한 이름의 지역변수가 만들어지면 함수 내에서는 지역변수에만 접근하게 된다. 만약에 원하는 바가 지역변수의 선언이 아니라 전역변수에 0을 저장하는 것이라면 다음과 같이 global로 시작하는 선언을 해야 한다.

```
>>> cnt = 100
>>> def func():
        global cnt    # 이 함수 내에서 접근하는 cnt는 전역변수임을 알려줌
        cnt = 0       # 전역변수 cnt에 0 저장
        print(cnt)    # 전역변수 cnt 값 출력

>>> func()
0
>>> print(cnt)
0
```

가급적 함수 내에서 전역변수에 접근하는 상황에서는 global 선언을 넣어주자. 이 선언이 필요 없는 상황(그냥 값을 참조만 하는 상황)이더라도 말이다. 그래서 접근하는 변수가 어떤 변수인지 쉽게 파악할 수 있도록 하자.

이로써 간단히 전역변수와 지역변수의 특징을 설명했는데 이는 잠시 후 클래스를 공부할 때 필요한 내용이기도 하지만 이와는 별개로 잘 알고 있어야 하는 내용이다.

13-2 객체지향 프로그래밍

클래스와 객체 이야기가 나오면 빠짐없이 다음에 대한 설명이 먼저 등장한다.

'객체지향 프로그래밍(Object Oriented Programming)'

모든 분야에 적용되는 이야기는 아니지만, 과거에 만들어졌던 코드가 근래에 만들어지는 코드보다 더 양이 많고 복잡했다. 그리고 이러한 상황으로 인해 다음과 같은 문제들에 직면하게 되었다.

소프트웨어 개발에 돈도 시간도 많이 들어!

소프트웨어 개발에 개발자도 더 많이 필요해!

그리고 소프트웨어를 개발한 다음에 이걸 유지하고 보수하는 것도 보통 문제가 아니야!

아니 그보다도! 그냥 못 믿겠어! 이거 신뢰할 수 있는 소프트웨어야?

소프트웨어 개발과 관련해서 등장한 이러한 문제들을 가리켜 '소프트웨어 위기(Software Crisis)'라 한다. 그리고 이러한 소프트웨어 위기의 극복 방안의 하나로 등장한 것이 바로 '객체지향 프로그래밍'이 다. (지금부터 '객체지향 프로그래밍'을 줄여서 'OOP'라 하겠다.)

그런데! 시간이 많이 흘렀다. 그리고 근래에 만들어지는 대다수의 소프트웨어들은 과거에 비해 코드도 간결해졌고 양도 줄었다. 기능적으로는 과거에 비해 뛰어나지만 말이다. 따라서 소프트웨어를 만드는 모든 이들에게 OOP를 주문하고 강조할 수는 없는 일이다.

그럼 클래스와 객체는 필요 없는 것일까? 아니다. OOP와 별개로 클래스와 객체는 좋은 프로그램을 만 드는 도구가 된다. 다시 말해서 OOP와 상관없이 내게 필요한 클래스를 만들고 또 객체를 만들 수 있 어야 한다. 자! 그럼 클래스와 객체가 무엇이고 이것이 어떻게 좋은 코드를 만드는 도구가 되는지에 대 한 설명을 시작할 텐데, 지금부터 설명하는 내용을 '가벼운 수준의 OOP' 또는 '초보자를 위한 OOP' 정 도로 이해하면 좋겠다.

13-3   클래스와 객체 이전의 프로그램에 대한 반성

아빠의 나이를 관리하는 간단한 프로그램이 필요하다고 가정하자. 따라서 매년 12월 31일에서 다음 해로 넘어가면 아빠의 나이 정보는 1씩 증가해야 한다. 그리고 이에 해당하는 예는 다음과 같다.

```python
# family_age1.py
fa_age = 39        # 아빠 나이 정보, 현재 39살

def up_fa_age():        # 이 함수를 호출하면 아빠 나이 올라감
    global fa_age       # 이 함수에서 접근하는 fa_age는 전역변수임을 선언함!
    fa_age += 1         # fa_age의 값 1 증가

def get_fa_age():       # 이 함수 호출하면 아빠 나이 반환함
    return fa_age       # fa_age의 값 반환

def main():
    print("2019년...")
    print("아빠:", get_fa_age())
    print("2020년...")
    up_fa_age()         # 아빠 나이 1살 증가
    print("아빠:", get_fa_age())

main()
```

```
2019년...
아빠: 39
2020년...
아빠: 40
```

위의 예에서는 아빠 나이 정보를 다음 변수에 저장해서 관리하고 있다.

    fa_age   아빠 나이 정보 저장

그리고 다음 두 함수를 만들어서 이 변수의 값을 수정하거나 참조하고 있다.

    up_fa_age()   아빠 나이 1살 올림, 나이 정보 수정
    get_fa_age()   아빠 나이 정보 반환, 나이 정보 참조

이렇듯 함수를 만들어서 전역변수에 접근하는 방식은(전역변수에 직접 접근하지 않고) 코드를 더 안정적이고 이해하기 쉽게 만든다. 이러한 방식에는 다음과 같은 장점이 있기 때문이다.

    실수로 엉뚱한 값을 저장하는 일을 막을 수 있다. (실수로 나이를 두 살 올리는 일 방지!)

    코드의 의미 파악이 쉽다. (함수의 이름을 보고 함수의 기능을 쉽게 파악!)

따라서 변수 fa_age와 함수 up_fa_age, get_fa_age는 아빠 나이 관리를 위한 하나의 '팀(team)'으로 이해할 수 있다.

    "변수 fa_age와 함수 up_fa_age, get_fa_age는 아빠 나이 관리를 위한 하나의 팀이다."

자! 그럼 이번에는 아빠 나이뿐만 아니라 엄마 나이까지 관리하도록 예제를 확장해야 한다고 가정해보자. 어려운 일은 아니다. 엄마 나이 관리를 위한 변수와 함수들이 등장하다 보니 코드가 늘어날 뿐이다.

```python
# family_age2.py
fa_age = 39      # 아빠 나이 정보

def up_fa_age():     # 아빠 나이 올라감
    global fa_age
    fa_age += 1
def get_fa_age():     # 아빠 나이는?
    return fa_age


mo_age = 35      # 엄마 나이 정보

def up_mo_age():     # 엄마 나이 올라감
    global mo_age
    mo_age += 1
def get_mo_age():     # 엄마 나이는?
```

```
        return mo_age

    def main():
        print("2019년...")
        print("아빠:", get_fa_age())
        print("엄마:", get_mo_age())
        print("2020년...")
        up_fa_age()
        up_mo_age()
        print("아빠:", get_fa_age())
        print("엄마:", get_mo_age())

    main()
```

```
2019년...
아빠: 39
엄마: 35
2020년...
아빠: 40
엄마: 36
```

코드 양이 딱 두 배 늘었다. 그럼 이번에는 본인과 동생의 나이까지 관리해야 한다고 가정해보자. 코드가 얼마나 늘겠는가? 더 이상 설명하지 않아도, 굳이 그런 예제를 보여주지 않아도 문제가 무엇인지 알수 있을 것이다. 자! 그럼 이러한 문제점을 클래스와 객체를 통해서 해결해보자.

13-4 클래스와 객체의 이해

'객체(object)'란 우리 주변에 존재하는 모든 사물 하나하나를 뜻한다. 예를 들어서 자동차도 객체이고 우리들 손에 들려 있는 스마트폰도 객체이다. 그리고 아침이면 우리를 깨워주고 아침 식사를 준비해주는, 집에 하나씩은 있는(농담이다) 휴머노이드 로봇도 객체이다. 그런데 이들을 만들기 위해서는 '설계도'가 필요하다. 그리고 설계도가 있다면 이를 기반으로 얼마든지 똑같은 모습의 객체를 만들 수 있는데 바로 이 설계도를 가리켜 파이썬에서는 '클래스'라 한다.

자동차 설계도 〈클래스〉

설계도 기반으로 만들어진 실제 자동차 〈객체〉

에어컨 설계도 〈클래스〉

설계도 기반으로 만들어진 실제 에어컨 〈객체〉

따라서 파이썬 기반으로 우리가 원하는 형태의 객체를 만들기 위해서는 먼저 그 객체의 설계도에 해당하는 '클래스'라는 것을 만들어야 한다. 다시 말해서 객체의 설계도에 해당하는 클래스를 '정의'해야 한다.

"객체를 만들려면 그 객체의 설계도에 해당하는 클래스를 먼저 정의해야 한다."

그럼 클래스를 하나 만들어 보자. 앞서 우리는 아빠의 나이 정보 관리를 위해서 다음 이름의 변수와 함수들을 만들어 보았다.

변수 하나   `fa_age`

함수 둘   `up_fa_age(), get_fa_age()`

그리고 엄마의 나이 정보 관리를 위해서 위의 세 가지를 한 세트 더 추가한 바 있다. 즉 관리하고자 하는 사람의 수가 늘 때마다 위의 세 가지를 매번 추가해야 한다는 문제가 있었다. 따라서 위의 내용을 모두 담는 클래스를 만들어서 이 문제를 해결하고자 한다. 일단 클래스 안에 담을 변수의 이름을 다음과 같이 수정하겠다. (이 클래스가 아빠 나이만을 대상으로 하지 않으므로 수정하였다.)

`fa_age`   →   `age`

`up_fa_age()`   →   `up_age()`

```
    get_fa_age()        →        get_age()
```

그리고 앞서 정의한 함수 up_fa_age()는 다음과 같은데,

```
    def up_fa_age():
        global fa_age
        fa_age += 1
```

이것을 클래스라는 설계도에 포함시키려면 다음과 같이 수정해야 한다.

```
    def up_age(self):     # self가 왜 등장했는지 아직 모름, 단 self는 매개변수임
        self.age += 1     # age가 아니라 self.age이다. 이렇게 바뀐 이유 아직 모름
```

일단 global 선언은 필요 없다. 클래스 안에 담길 변수 age는 전역변수가 아니기 때문이다. 그리고 self라는 매개변수가 등장했다. 솔직히 이 부분이 신경 쓰일 텐데 이것이 필요한 이유에 대해서는 잠시 후에 설명하기로 하고 이어서 다음 함수도 클래스에 포함시키기 위한 형태로 수정해보겠다.

```
    def get_fa_age():
        return fa_age
```

위의 함수를 클래스에 포함시키기 위해 수정한 형태는 다음과 같다.

```
    def get_age(self):     # self가 왜 등장했는지 아직 모름, 단 self가 매개변수인 건 알고 있음
        return self.age    # age가 아니라 self.age이다. 이렇게 바뀐 이유 아직 모름
```

self라는 매개변수의 등장만 아니면 이전 함수와 차이가 없다. 자! 그럼 이 두 함수를 클래스에 담아보겠다. 클래스의 이름을 AgeInfo라 하자! 이제 다음과 같이 담으면 된다. 진짜 그냥 담으면 된다.

```
    class AgeInfo:       # 클래스 AgeInfo의 정의
        def up_age(self):     # 클래스 안에 담긴 up_age 함수
            self.age += 1
        def get_age(self):    # 클래스 안에 담긴 get_age 함수
            return self.age
```

이로써 우리가 함께 만든 첫 번째 클래스가 완성되었다. 그리고 아직 매개변수 self가 무엇인지, 왜 필요한지 설명하지 않았으니 이 부분은 신경 쓰지 말자. 그러니까 위의 코드를 이해하는 데 있어서 self

가 부담스럽다면 이것이 없다고 생각하고 다음과 같이 바라보자. (진짜로 코드를 다음과 같이 수정하는
건 안된다.)

```
class AgeInfo:      # 매개변수 self를 빼고 AgeInfo 클래스를 바라본 모습
    def up_age():
        age += 1
    def get_age():
        return age
```

실제로 함수를 호출할 때 매개변수 self에 어떤 값을 전달해야 하는 것도 아니다. 그러니까 잠시 후에
보게 되겠지만 위와 같이 self라는 매개변수가 없다고 생각하고 함수를 호출해야 한다.

  "그런데 클래스 안에 변수 age를 안 담았잖아요."

맞다! 안 담았다. 그런데 파이썬이 알아서 넣어준다. (실제와는 차이가 있는 설명이다. 그러나 일단은
이렇게 이해하자.) 위의 두 함수만 봐도 age라는 변수가 필요하다는 판단이 서지 않는가? 이 부분과
관련해서 다음 예를 보자. 이 예제를 통해서 객체를 생성하는 방법까지 함께 설명하겠다.

```
# class_object.py
class AgeInfo:      # 클래스 AgeInfo의 정의
    def up_age(self):
        self.age += 1
    def get_age(self):
        return self.age


def main():
    fa = AgeInfo()      # AgeInfo의 객체를 생성하고 이를 변수 fa에 저장
    fa.age = 39      # fa에 저장된 객체의 변수 age에 39를 저장

    print("현재 아빠 나이...")
    print("아빠:", fa.get_age())    # get_age 호출할 때 self에 값 전달하지 않음

    print("1년 뒤...")
    fa.up_age()      # up_age 호출할 때 self에 값 전달하지 않음
    print("아빠:", fa.get_age())    # get_age 호출할 때 self에 값 전달하지 않음

main()
```

```
현재 아빠 나이...
아빠: 39
1년 뒤...
아빠: 40
```

위 예제의 다음 문장을 보자.

```
fa = AgeInfo()      # AgeInfo의 객체를 생성하고 이를 변수에 저장
```

위 문장이 실행되면 AgeInfo라는 클래스(설계도)를 기반으로 객체가 생성되고, 이 객체를 변수 fa에 저장하게 된다. 그리고 이때 생성된 객체를 그림으로 그려보면 다음과 같다. 물론 self는 생략하고 그린 결과이다. (그림으로 객체를 표현할 때 self는 생략해도 괜찮다.)

```
def up_age():
    age += 1

def get_age():
    return age
```

[그림 13-1: 변수 fa에 저장된 객체의 모습]

위 그림으로 표현한 객체 안에는 두 개의 함수가 있다. 그리고 그 두 함수에서 변수 age에 접근하고 있다. 따라서 위의 객체가 제대로 동작하려면 다음과 같이 객체 안에 age가 있어야 한다.

```
age

def up_age():
    age += 1

def get_age():
    return age
```

[그림 13-2: 변수 fa에 저장된 객체의 진짜 모습]

그래서! 파이썬이 위 그림과 같이 객체에 변수 age를 넣어준다. 실제로 객체 안에 변수 age가 존재한다는 사실은 예제의 다음 문장을 통해서도 알 수 있다. age라는 변수가 있으니 이런 문장이 동작하는

것 아니겠는가!(실제로는 이 문장이 실행될 때 변수 age가 생성된다. 이에 대한 추가 설명은 중급편에서 언급한다.)

```
fa.age = 39          # fa에 저장된 객체의 변수 age에 39를 저장
```

변수 이름에 이어 점을 찍는 것은, 해당 변수에 저장된 객체의 변수나 함수에 접근하는 행위이다. 즉 위의 문장이 실행되면 fa에 저장된 객체의 변수 age에 39가 저장되어 다음의 상태가 된다.

```
age = 39

def up_age():
    age += 1

def get_age():
    return age
```

[그림 13-3: 객체 내 변수에 값을 저장한 결과]

그리고 예제에서 다음 방식으로 이 객체 안에 있는 두 함수를 호출하였다. (매개변수 self를 위해 어떤 값도 전달하지 않았음에 한번 더 주목하자.)

```
fa.get_age()         # fa에 저장된 객체의 함수 get_age 호출
fa.up_age()          # fa에 저장된 객체의 함수 up_age 호출
```

그렇다면 객체 안에 존재하는 변수 age는 어떤 종류의 변수일까? 우리는 지역변수와 전역변수를 알고 있다. 그러나 객체 안의 변수는 이 둘과는 부류가 다른 '인스턴스 변수'이다. 더불어 객체 안에 있는 함수는 '메소드'라 한다. 더 정확히는 '인스턴스 메소드'라 한다.

- 인스턴스 변수   객체 안에 존재하는 '변수'를 뜻하는 말
- 인스턴스 메소드   객체 안에 존재하는 '함수'를 뜻하는 말

'인스턴스'는 '객체'의 또 다른 표현이다. 사실 두 표현에는 의미적인 차이가 조금 있지만 보통은 동일하게 취급되므로 지금은 두 표현의 차이에 신경 쓰지 않아도 된다. 즉 다음 문장을 보면서,

```
fa = AgeInfo()
```

다음과 같이 말해도 되지만,

　　"AgeInfo(의) 객체가 생성되어서 변수 fa에 저장되었다."

다음과 같이 말해도 된다.

"AgeInfo(의) 인스턴스가 생성되어서 변수 fa에 저장되었다."

따라서 인스턴스 변수와 인스턴스 메소드가 의미하는 바를 다음과 같이 정리할 수도 있다.

- 인스턴스 변수   인스턴스(객체) 안에 존재하는 변수
- 인스턴스 메소드   인스턴스(객체) 안에 존재하는 메소드(함수)

13-5 나이 정보 관리하는 이전 예제의 수정 결과

클래스를 만들었으니 그 나름의 장점을 느껴볼 차례이다. AgeInfo 클래스를 바탕으로 아빠, 엄마 그리고 나(me)의 나이 정보를 관리하는 예제를 만들어 보겠다.

```python
# family_age3.py
class AgeInfo:
    def up_age(self):
        self.age += 1
    def get_age(self):
        return self.age

def main():
    fa = AgeInfo()     # 아빠 나이 객체 생성
    mo = AgeInfo()     # 엄마 나이 객체 생성
```

```
        me = AgeInfo()      # 나의 나이 객체 생성


        fa.age = 39         # 아빠 현재 나이
        mo.age = 35         # 엄마 현재 나이
        me.age = 12         # 나의 현재 나이


        sum = fa.get_age() + mo.get_age() + me.get_age()
        print("가족 나이 합:", sum)


        fa.up_age()         # 아빠 나이 한 살 올림
        mo.up_age()         # 엄마 나이 한 살 올림
        me.up_age()         # 나의 나이 한 살 올림
        sum = fa.get_age() + mo.get_age() + me.get_age()
        print("1년 후의 합:", sum)

    main()
```

```
가족 나이 합: 86
1년 후의 합: 89
```

일단 위 예제의 다음 세 문장이 실행되면,

```
fa = AgeInfo()          # 아빠 나이 객체 생성
mo = AgeInfo()          # 엄마 나이 객체 생성
me = AgeInfo()          # 나의 나이 객체 생성
```

다음과 같이 총 세 개의 객체가 생성된다.

```
age                 age                 age
def up_age():       def up_age():       def up_age():
    age += 1            age += 1            age += 1
def get_age():      def get_age():      def get_age():
    return age          return age          return age
```
fa에 저장된 객체   mo에 저장된 객체   me에 저장된 객체

[그림 13-4: 세 변수에 저장된 세 개의 객체]

그리고 다음 세 문장이 실행되면서,

```
fa.age = 39        # 아빠 현재 나이
mo.age = 35        # 엄마 현재 나이
me.age = 12        # 나의 현재 나이
```

각 객체 안에 있는 변수 age의 값이 다음과 같이 초기화된다. (초기화된다는 것은 값이 처음 저장된다는 뜻이다.)

```
age = 39
def up_age():
    age += 1
def get_age():
    return age
```
fa에 저장된 객체

```
age = 35
def up_age():
    age += 1
def get_age():
    return age
```
mo에 저장된 객체

```
age = 12
def up_age():
    age += 1
def get_age():
    return age
```
me에 저장된 객체

[그림 13-5: 인스턴스 변수의 초기화]

이어서 예제에서는 가족 나이의 합을 계산해서 출력하고 있다. 그리고 클래스를 만들었기 때문에 가족이 추가되더라도(동생이 태어나더라도) 그에 따른 변수나 함수를 추가할 필요가 없다. 그저 객체만 하나 더 생성하면 되는 것이다. 그리고 이것이 클래스가 주는 장점이다.

13-6 · **self 너 뭐냐!**

이제 self가 무엇인지 설명하겠다. 그럼 앞서 생성했던 세 개의 객체를 표현한 다음 그림을 다시 한번 관찰하자. 뭔가 비합리적인 부분이 보이지 않는가?

```
age = 39
def up_age():
    age += 1
def get_age():
    return age
```
fa에 저장된 객체

```
age = 35
def up_age():
    age += 1
def get_age():
    return age
```
mo에 저장된 객체

```
age = 12
def up_age():
    age += 1
def get_age():
    return age
```
me에 저장된 객체

[그림 13-6: 앞서 생성했던 세 개의 객체]

사실 위의 그림을 보면서 비합리적이라고 반드시 느껴야 하는 것은 아니다. 이 자체로도 우리는 충분히 만족할 수 있다. 그러나 파이썬 입장에서는 다음과 같은 고민을 할 수 있다.

"세 객체 안에 있는 up_age, get_age 함수가 완전히 같으니까 이걸 공유할 수 없을까?"

그리고 그 결과로 파이썬은 다음과 같은 모델을 생각해내고 완성한다.

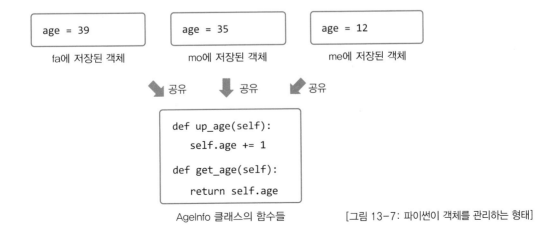

```
age = 39
```
fa에 저장된 객체

```
age = 35
```
mo에 저장된 객체

```
age = 12
```
me에 저장된 객체

공유   공유   공유

```
def up_age(self):
    self.age += 1
def get_age(self):
    return self.age
```

AgeInfo 클래스의 함수들   [그림 13-7: 파이썬이 객체를 관리하는 형태]

위 그림은 둘 이상의 AgeInfo 객체들이 다음 두 함수를 공유하는 모습을 표현한 것이다.

```
def up_age(self)
    self.age += 1
def get_age(self)
    return self.age
```

실제로 파이썬은 위 그림과 같은 형태로 객체를 생성하고 관리한다. 자! 그럼 구체적인 공유 방식을 설명하겠다. 일단 다음 문장을 실행한다고 가정해보자.

```
fa.up_age()        # 변수 fa에 저장된 객체의 up_age 함수 호출
```

그러면 파이썬은 AgeInfo 클래스의 함수가 실제 저장된 위치로 가서 up_age 함수를 호출하되, fa를 인자로 전달하면서 다음과 같은 형태로 호출한다. (물론 이러한 과정이 우리 눈에 보이지는 않는다.)

```
up_age(fa)        # up_age 함수 호출하며 fa를 인자로 전달.
```

즉 매개변수 self에 fa가 전달되므로 다음 형태로 함수 호출이 진행된다. (fa의 메모리 공간에 self라는 이름이 하나 더 붙어서 이 순간 self는 fa가 된다. 이는 10장 마지막 부분에서 리스트를 대상으로 설명했던 내용이다.)

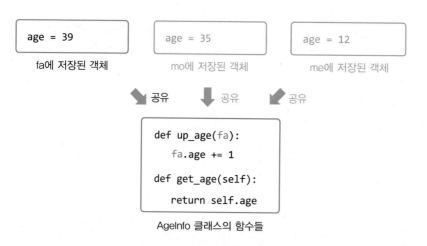

AgeInfo 클래스의 함수들

[그림 13-8: fa에 저장된 객체 기반의 up_age 함수 호출]

그래서 fa에 저장된 객체의 age 값이 1 증가한다. 참고로 위 그림과 같은 형태로 우리가 직접 함수를 호출할 수도 있다. 이를 다음 예제를 통해 보이겠다. (물론 권장할 일은 아니다. 다만 self의 의미 파악을 목적으로만 사용하자.)

```python
# self_test.py
class AgeInfo:
    def up_age(self):
        self.age += 1
    def get_age(self):
        return self.age


def main():
    fa = AgeInfo()
    fa.age = 20       # 인스턴스 변수 age의 값 20으로 초기화

    fa.up_age()        # fa에 저장된 객체의 up_age 함수 호출
    AgeInfo.up_age(fa)     # 위와 동일한 기능의 문장

    print(fa.get_age())     # fa에 저장된 객체의 get_age 함수 호출
    print(AgeInfo.get_age(fa))    # 위와 동일한 기능의 문장

main()
```

```
22
22
```

위 예제를 통해서 알 수 있듯이 AgeInfo 클래스의 두 함수를 직접 호출하는 방법은 다음과 같다.

AgeInfo.up_age(⋯)   AgeInfo의 up_age 메소드 호출 방법

AgeInfo.get_age(⋯)   AgeInfo의 get_age 메소드 호출 방법

즉 우리가 다음과 같이 문장을 작성하면,

fa.up_age()

파이썬은 이 문장을 다음 형태로 바꿔서 함수를 호출한다.

```
AgeInfo.up_age(fa)
```

자! 이로써 self가 왜 필요하고 어떻게 사용되는지 이해되었기를 바란다.

13-7 self 이외의 매개변수를 갖는 메소드들(함수들) 정의해보기

앞서 정의한 AgeInfo 클래스의 인스턴스 메소드는 다음과 같이 매개변수로 self만 가지고 있다.

```
class AgeInfo:
    def up_age(self):      # 매개변수는 self 하나다.
        self.age += 1
    def get_age(self):      # 매개변수는 self 하나다.
        return self.age
```

그런데 인스턴스 메소드에도 얼마든지 매개변수를 추가할 수 있다. 그래서 이번에는 self 이외의 매개변수를 갖는 메소드를(함수를) 클래스에 추가하려고 한다. 추가할 메소드의 모습은 다음과 같다.

```
def set_age(self, n):       # 매개변수로 self도 있고 n도 있다.
    self.age = n
```

이렇게 정의한 메소드를 호출할 때 self에는 파이썬이 알아서 전달을 하니, 우리는 두 번째 이후의 매개변수에만 값을 전달하면 된다. 그리고 위의 메소드는 다음과 같이 정의해도 된다.

```
    def set_age(self, age):
        self.age = age      # age는 매개변수, self.age는 인스턴스 변수
```

이렇게 정의하면 '매개변수'와 '인스턴스 변수'의 이름이 같아지지만, 함수 안에서 그냥 age라고 쓰면 이는 매개변수가 되고 self.age라 쓰면 이는 인스턴스 변수가 되기 때문에 이렇듯 이름이 같아도 된다. 그럼 이러한 내용을 다음 예를 통해서 확인해보자.

```
# family_age4.py
class AgeInfo:
    def up_age(self):
        self.age += 1
    def get_age(self):
        return self.age
    def set_age(self, age):
        self.age = age      # self.age는 인스턴스 변수, age는 매개변수

def main():
    fa = AgeInfo()      # 아빠 나이 객체 생성
    fa.set_age(39)      # 아빠 나이 초기화, 매개변수 age에 39 전달
    fa.up_age()
    print("1년 후 아빠 나이:", fa.get_age())

main()
```

```
1년 후 아빠 나이: 40
```

그리고 위 예제에서는 set_age 메소드를 추가로 정의했기 때문에 이전 예제의 다음과 같은 인스턴스 변수 초기화를,

```
    fa.age = 39         # 인스턴스 변수에 직접 접근해서 초기화
```

다음과 같이 메소드 호출의 형태로 대신할 수 있게 되었다.

```
    fa.set_age(39)      # 메소드 호출을 통해 인스턴스 변수 초기화
```

13-8 생성자

객체 생성 후에 반드시 해줘야 하는 일이 하나 있는데 그것은 다음과 같다.

"인스턴스 변수의 초기화"

앞서 작성한 예제들을 보면 다음과 같이, 또는 set_age 메소드 호출을 통해 객체 생성 이후에 반드시 인스턴스 변수의 초기화를 진행했음을 알 수 있다.

```
def main():
    fa = AgeInfo()      # AgeInfo 객체 생성
    fa.age = 20         # 인스턴스 변수 age의 값을 20으로 초기화
```

이렇듯 객체 안에 존재하는 모든 변수는 초기화를 해야 한다. 그리고 이러한 초기화는 객체 생성 후에 바로 하는 것이 일반적이다. 그래서 파이썬은 객체의 생성과 변수의 초기화를 동시에 진행할 수 있도록 '생성자(constructor)'라는 것을 제공한다. 그럼 이와 관련해서 다음 예를 보자. 아주 간단한 예제를 통해서 생성자의 존재만 일단 확인하겠다.

```
# ctor1.py
class Const:
    def __init__(self):   # 생성자라 불리는 메소드, 메소드 이름이 __init__ 이다.
        print("new~")

def main():
    o1 = Const()
    o2 = Const()

main()
```

```
new~
new~
```

위 예제의 클래스 Const에는 다음과 같이 생긴 메소드가 있다.

```
def __init__(self):      # 생성자라 불리는 메소드
    print("new~")
```

이 메소드는 이름이 __init__ 이다. 그리고 이러한 이름의 메소드를 가리켜 '생성자'라 하며, 생성자는 객체 생성 시 자동으로 호출이 되는 특징이 있다. 위 예제의 실행 결과에서도 그러한 사실을 보여주고 있지 않은가? (물론 생성자도 다른 메소드들과 마찬가지로 매개변수로 self를 넣어줘야 한다.) 조금 더 구체적으로 설명한다면, 위 예제에서 다음 문장을 통해 첫 번째 객체를 생성했다.

```
o1 = Const()
```

그러면 다음 형태의 객체가 생성된다. Const 클래스에 생성자만 있기 때문에 생성된 객체에도 생성자만 있다.

```
def __init__(self):
    print("new~")
```

변수 o1에 저장된 객체   [그림 13-9: 생성자만 있는 객체]

그런데 이로써 끝이 아니라 이 객체의 생성자가 바로 이어서 자동으로 호출된다. 그래서 실행 결과에서 보면 "new~"라는 문자열이 출력된 것이다. 그럼 이러한 생성자를 통해서 어떻게 인스턴스 변수를 초기화할 수 있을까? 이와 관련해서 다음 예를 보자.

```python
# ctor2.py
class Const:
    def __init__(self, n1, n2):
        self.n1 = n1      # self.n1은 인스턴스 변수, n1은 매개변수
        self.n2 = n2      # self.n2는 인스턴스 변수, n2는 매개변수
    def show_data(self):
        print(self.n1, self.n2)

def main():
    o1 = Const(1, 2)      # 생성자에 1과 2를 전달
    o2 = Const(3, 4)      # 생성자에 3과 4를 전달
```

```
    o1.show_data()
    o2.show_data()

main()
```

```
1 2
3 4
```

위 예제의 다음 문장을 보자.

```
o1 = Const(1, 2)
```

객체 생성 시 소괄호를 통해 1과 2를 전달하고 있다. 그리고 이렇게 전달된 값이 다음 생성자에 전달된다. 물론 매개변수 self를 제외하고 n1에 1이, n2에 2가 전달된다.

```
def __init__(self, n1, n2):
    self.n1 = n1      # self.n1은 인스턴스 변수, n1은 매개변수
    self.n2 = n2      # self.n2는 인스턴스 변수, n2는 매개변수
```

그럼 이제 앞서 정의한 클래스 AgeInfo에 적절한 생성자를 넣어보자.

```
# family_age5.py
class AgeInfo:
    def __init__(self, age):      # AgeInfo의 생성자
        self.age = age     # 매개변수 age에 전달된 값으로 인스턴스 변수 age 초기화
    def up_age(self):
        self.age += 1
    def get_age(self):
        return self.age

def main():
    fa = AgeInfo(39)      # 객체 생성 그리고 초기화
    fa.up_age()
    print("1년 후 아빠 나이:", fa.get_age())

main()
```

> 1년 후 아빠 나이: 40

이렇듯 클래스를 만들 때에는 생성자도 함께 넣어주어서 객체 생성과 동시에 그 객체의 모든 인스턴스 변수들을 적당한 값으로 초기화하는 것이 좋다.

[연습문제 13-1]

■ 문제 1

친구의 이름과 전화번호 정보를 담을 수 있는 클래스를 만들어보자. 아래에서 보이는 내용과 동일한 흐름을 보이도록 클래스 Friend를 정의하면 된다. 그리고 Friend 클래스를 만들었으면 지우지 말자. 문제 2에서 이 클래스를 대상으로 문제를 제시한다.

```
>>> class Friend:
>>> _____        # Friend 클래스의 정의를 여러 줄에 걸쳐 완성한다.


>>> f = Friend('윤성우', '010-111-222')    # Friend 객체 생성
>>> f.get_name()        # 이름 정보 반환
'윤성우'
>>> f.get_phone()        # 전화번호 정보 반환
'010-111-222'
>>> f.set_phone('010-333-444')        # 전화번호 정보 수정
>>> f.show_info()        # 이름, 전화번호 정보 함께 출력
이름: 윤성우
전화번호: 010-333-444
```

참고로 위와 같이 동작하게 하려면, 생성자 __init__ 함수와 다음 네 개의 함수를 만들어서 클래스 Friend를 채워야 한다.

    get_name, get_phone, set_phone, show_info

■ 문제 2

문제 1에서 정의한 클래스 Friend를 기반으로 다음 네 친구의 정보를 담은 Friend 객체를 각각 생성해서 리스트에 담아보자. 그리고 이 리스트는 지우지 말자. 문제 3, 4에서 이 리스트를 대상으로 문제를 제시한다.

```
윤지민      010-111-222
이선준      010-333-444
장지우      010-555-666
윤지율      010-777-888
```

그리고 이어서 리스트에 담긴 객체가 지니는 이름과 전화번호 정보를 모두 출력하는 for 루프를 작성해보자.

■ 문제 3

리스트에 담긴 객체 중에서 성이 '윤'인 사람의 이름과 전화번호를 전부 출력하는 for 루프를 작성해보자. 참고로 이 문제의 해결을 위해서는 다음 함수를 사용할 필요가 있다. (이 함수는 7장에서 소개한 함수이다.)

```
s.startswith(prefix)       문자열 s가 prefix로 시작하면 True, 아니면 False 반환
```

■ 문제 4

리스트에 담긴 객체들 중에서 '장지우'의 전화번호를 다음과 같이 수정하는 코드를 for 루프를 기반으로 작성해보자.

```
장지우      010-999-999
```

그리고 수정이 끝나면 정상적으로 수정되었는지 확인하기 위해서 '장지우'의 정보를 찾아서 출력하는 for 루프를 작성하자.

답안은 출판사 홈페이지 및 저자 카페를 통해 제공합니다.

13-9 · 사실 파이썬의 모든 데이터는(값은) 객체

우리는 이미 다음과 같은 실행 결과를 통해서 문자열이 객체임을 확인한 바 있다.

```
>>> s = "coffee"
>>> s.upper()     # 이런 함수 호출이 가능하다는 것은 s에 담긴 것이 객체라는 의미!
'COFFEE'
```

그런데 사실 파이썬의 모든 것은 객체이다. 그러니까 다음의 예에서 보이듯이 정수도 객체이고,

```
>>> n = 1000
>>> n.bit_length()        # 변수 n에 담긴 정수도 객체라는 증거!
10
```

다음과 같이 실수도 객체이다.

```
>>> f = 3.14
>>> f.is_integer()        # 변수 f에 담긴 실수도 객체라는 증거!
False
```

이렇듯 우리가 정수나 실수를 입력하면 파이썬은 이를 객체로 만든다. 따라서 그 객체를 대상으로 인스턴스 메소드를 호출할 수 있는 것이다. 그런데 정수 객체나 실수 객체에 담겨 있는 메소드들은 우리가 보편적으로 사용하는 메소드들은 아니므로 지금은 이들이 객체라는 사실만 인지하고 있는 정도면 충분하다.

Chapter **14**

예외처리

14-1. 예외가 발생하는 상황

14-2. 예외의 처리

14-3. 보다 적극적인 예외의 처리

14-4. 둘 이상의 예외를 처리하기

14-5. 예외 메시지 출력하기와 finally

14-6. 모든 예외 그냥 무시하기

14-1 · 예외가 발생하는 상황

먼저 몇 가지 오류 상황을 만들어 보겠다. 다음은 잘못된 인덱싱 연산의 결과이다.

```
>>> lst = [1, 2, 3]        # 유효한 인덱스 값의 범위는 0 ~ 2
>>> lst[3]        # 유효하지 않은 인덱스 값 사용! 오류!
Traceback (most recent call last):
  File "<pyshell#40>", line 1, in <module>
    lst[3]
IndexError: list index out of range
```

이는 앞서 여러 번 경험해 봤을 법한 오류이니 추가적인 설명은 필요 없을 듯하다. 다만 오류 메시지의 마지막 문장만 따로 아래에 적어 놓겠다.

```
IndexError: list index out of range
```

이어서 다음은 잘못된 덧셈 연산의 결과이다. 이 역시 무엇이 문제인지는 설명할 필요가 없을 것이다. 오히려 이러한 연산이 허용되면 그게 더 이상한 일 아니겠는가?

```
>>> 3 + "coffee"       # 숫자와 문자열은 더할 수 없음
Traceback (most recent call last):
  File "<pyshell#41>", line 1, in <module>
    3 + "coffee"
TypeError: unsupported operand type(s) for +: 'int' and 'str'
```

이번에도 오류 메시지의 마지막 문장만 아래에 적어 놓겠다.

```
TypeError: unsupported operand type(s) for +: 'int' and 'str'
```

마지막으로 하나만 더 보이겠다. 뭐 상식적인 이야기이지만, 어떠한 임의의 수도 0으로 나눌 수 없다.

산술적으로 0으로 나누는 것에 대한 결과가 정의되어 있지 않기 때문이다. 따라서 파이썬도 0으로 나누는 연산을 하면 이를 오류로 인식한다.

```
>>> 3 / 0
Traceback (most recent call last):
  File "<pyshell#42>", line 1, in <module>
    3 / 0
ZeroDivisionError: division by zero
```

마찬가지로 오류 메시지의 마지막 문장만 아래에 적어 놓겠다.

    ZeroDivisionError: division by zero

지금까지 세 개의 오류 상황을 보였는데, 이러한 오류 상황을 가리켜 '예외 상황', 줄여서 '예외'라 한다. 따라서 다음과 같이 표현하기도 하지만,

    "0으로 나누는 오류"

다음과 같이 표현하기도 한다.

    "0으로 나누는 예외"

그런데 0으로 나누는 예외(오류) 발생 시 출력된 메시지의 마지막에 ZeroDivisionError라고 출력된 사실을 확인할 수 있는데 이것이 이 오류 상황을 의미하는 이름이다. 그래서 0으로 나누는 오류를 다음과 같이 표현하기도 한다.

    "ZeroDivisionError 예외"

이와 유사하게 앞서 보인 예외 상황도 각각 다음과 같이 표현할 수 있다.

    IndexError 예외   인덱싱 연산에서 인덱스 값이 범위를 넘어선 예외
    TypeError 예외   연산이 불가능한 타입의 값으로 연산을 하는 예외

예외의 종류는 정말 많다. 그런데 다행히도 모든 종류의 예외를 알고 있을 필요는 없다. '예외'가 무엇인지를 이해하고, 이어서 설명하는 예외의 처리 방법만 알면 그것으로 충분하다.

14-2 · 예외의 처리

프로그램 실행 중간에 예외가 발생하면 프로그램은 그냥 종료가 된다. 문제가 발생했으므로 계속 실행
을 이어가는 것이 의미가 없거나 더 큰 문제로 이어질 수 있기 때문에 그냥 종료하는 것이 낫다고 파이
썬은 판단하는 것이다. 이와 관련해서 다음 예를 보자. 이는 프로그램 사용자로부터 나이를 입력받는
매우 간단한 예제이다.

```python
# age.py
def main():
    print("안녕하세요.")
    age = int(input("나이를 입력하세요: "))
    print("입력하신 나이는 다음과 같습니다:", age)
    print("만나서 반가웠습니다.")

main()
```

```
안녕하세요.
나이를 입력하세요: 스물
Traceback (most recent call last):
  File "age.py", line 9, in <module>
    main()
  File "age.py", line 5, in main
    age = int(input("나이를 입력하세요: "))
ValueError: invalid literal for int() with base 10: '스물'
```

위 예제를 실행할 때 숫자를 입력해야 하는 상황에서 '스물'이라고 입력했기 때문에 예외가 발생했다.
예외가 발생한 부분은 다음 문장이다. 정확히 지적하면 int 함수를 호출하는 부분이다.

```python
age = int(input("나이를 입력하세요: "))        # 문자열 입력하면 int 함수 호출 때 오류 발생
```

그리고 예외의 이름은 다음과 같음을 오류 메시지의 마지막 부분에서 확인할 수 있다.

```
ValueError
```

그런데 위 예제에는 한가지 아쉬운 점이 있다. 그것은 오류 발생시 '만나서 반가웠습니다.'라는 인사를 하지 않는다는 점이다. 사실 다음 문장은 오류 발생 유무에 상관없이 실행되면 좋을 문장 아닌가!

```
print("만나서 반가웠습니다.")
```

그래서 위 예제에 예외처리 코드를 넣고자 한다. 발생한 예외가 처리되면 파이썬은 실행 중인 프로그램을 종료하지 않기 때문이다. 그럼 예외처리를 추가한 결과를 보이겠다.

```
# age_expt.py
def main():
    print("안녕하세요.")
    try:
        age = int(input("나이를 입력하세요: "))
        print("입력하신 나이는 다음과 같습니다:", age)
    except ValueError:
        print("입력이 잘못되었습니다.")

    print("만나서 반가웠습니다.")

main()
```

```
안녕하세요.
나이를 입력하세요: 서른
입력이 잘못되었습니다.
만나서 반가웠습니다.
```

이전 예제의 다음 두 문장을,

```
age = int(input("나이를 입력하세요: "))
print("입력하신 나이는 다음과 같습니다:", age)
```

위 예제는 다음과 같이 구성하였다. 그리고 이것이 예외처리가 추가된 상태이다.

```
try:
    age = int(input("나이를 입력하세요: "))
    print("입력하신 나이는 다음과 같습니다:", age)
except ValueError:
    print("입력이 잘못되었습니다.")
```

위의 코드는 다음 그림에서 보이듯이 try 영역과 except 영역으로 나뉜다.

[그림 14-1: 예외처리 기본 구조]

그리고 try 영역에 있는 문장들이 실행되다가 예외가 발생하면, 그 순간 바로 except 영역으로 실행 흐름이 넘어가서 except 영역에 있는 문장들이 실행된다.

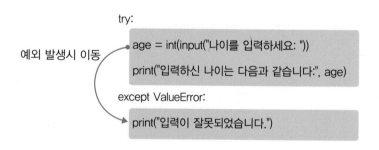

[그림 14-2: 예외 발생 시 except 블록으로 이동]

그리고 except 영역이 실행되면, 이로써 해당 예외는 처리된 것으로 판단하고 except 영역 그 다음 문장부터 실행을 이어간다.

try:

try 영역

except ValueError:

except 영역

예외 처리 후 실행

[그림 14-3: 예외 처리 후의 실행 흐름]

그런데 위의 except 선언을 보면 ValueError라고 쓰여 있는데(물론 이곳에 다른 예외의 이름을 명시할 수 있다.) 이는 ValueError 예외만 처리한다는 뜻이다. 따라서 try 영역에서 ValueError 이외의 예외가 발생하면 그때는 이를 처리할 수 있는 except 영역이 없으므로 그냥 종료가 된다. 그리고 당연한 이야기지만, try 영역에서 예외가 발생하지 않으면 다음과 같이 except 영역 다음에 위치한 문장서부터 실행은 계속 이어진다.

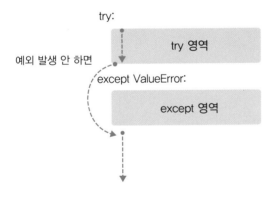

try:

try 영역

예외 발생 안 하면

except ValueError:

except 영역

[그림 14-4: 예외 발생 안 했을 시 실행 흐름]

14-3 보다 적극적인 예외의 처리

일단 기본적인 예외처리 방법에 대해 설명했는데 조금 씁쓸한 맛은 지울 수 없다. 왜냐하면 잘못된 입력이 있을 때, 입력이 잘못되었다고 말하고 끝내는 게 적절한 예외처리로 느껴지지 않기 때문이다. 예를 들어서 입력이 잘못되었으면 재입력의 기회를 줘야 적절한 예외처리가 아니겠는가? 그래서 다음 예제를 준비했으니 이 예제를 참고해서 각자가 원하는 형태의 예외처리를 할 수 있기를 바라겠다.

```python
# age_expt_conti.py
def main():
    print("안녕하세요.")
    while True:        # while 루프 안에 try ~ except가 있다.
        try:
            age = int(input("나이를 입력하세요: "))
            print("입력하신 나이는 다음과 같습니다:", age)
            break        # 입력이 정상적이면 while 루프 탈출!
        except ValueError:
            print("입력이 잘못되었습니다.")
    print("만나서 반가웠습니다.")

main()
```

```
안녕하세요.
나이를 입력하세요: 스물
입력이 잘못되었습니다.
나이를 입력하세요: 20
입력하신 나이는 다음과 같습니다: 20
만나서 반가웠습니다.
```

위의 예에서는 while 루프 안에 try ~ except를 넣어서, except 영역이 실행되면 while 루프를 반복하도록 하였다. 때문에 정상적인 입력이 없으면 프로그램 사용자에게 입력을 계속 요구하게 된다.

14-4 둘 이상의 예외를 처리하기

다음 예제에서 보이듯이 한 영역에서 발생 가능한 예외가 둘 이상인 경우도 있다.

```
# div.py
def main():
    bread = 10       # 현재 열 개의 빵이 있다!
    people = int(input("몇 명? "))     # ValueError 예외가 발생할 수 있음
    print("1인당 빵의 수: ", bread / people)   # ZeroDivisionError 예외가 발생할 수 있음
    print("맛있게 드세요.")

main()
```

```
몇 명? 두 명 정도
Traceback (most recent call last):
  File "div.py", line 9, in <module>
    main()
  File "div.py", line 5, in main
    people = int(input("몇 명? "))
ValueError: invalid literal for int() with base 10: '두 명 정도'
```

위의 예에서 몇 명이냐고 물었을 때 잘못된 입력을 하면 ValueError 예외가 발생한다. 그리고 0을 입력할 경우 나눗셈을 하는 과정에서 ZeroDivisionError 예외가 발생한다. 따라서 이 경우에는 다음과 같이 예외처리를 해야 한다.

```
# div_expt1.py
def main():
    bread = 10       # 열 개의 빵
    try:
```

```
        people = int(input("몇 명? "))
        print("1인당 빵의 수: ", bread / people)
    except ValueError:
        print("입력이 잘못되었습니다.")
    except ZeroDivisionError:
        print("0으로는 나눌 수 없습니다.")
    print("맛있게 드세요.")

main()
```

```
몇 명? 0
0으로는 나눌 수 없습니다.
맛있게 드세요
```

이렇듯 처리하고자 하는 예외의 종류에 따라서 except 영역을 얼마든지 추가할 수 있다. 그런데 위의 예는 어딘가 이상하다. 위의 예에서는 다음 문장을 try 영역에 함께 묶지 않았다.

    print("맛있게 드세요.")

그래서 예외의 발생으로 인해 빵을 나눠주지 못한 상황에서도 '맛있게 드세요.'라는 인사를 하게 된다. 위의 실행 결과에서 보이듯이 말이다. 그럼 어떻게 해야 할까? 비록 이 문장에서는 예외가 발생하지 않지만 다음 예와 같이 try 영역에 포함시켜야 한다. 그래서 예외가 발생하면 이 문장도 함께 건너뛰도록 해야 한다.

```
# div_expt2.py
def main():
    bread = 10        # 열 개의 빵
    try:
        people = int(input("몇 명? "))
        print("1인당 빵의 수: ", bread / people)
        print("맛있게 드세요.")
    except ValueError:
        print("입력이 잘못되었습니다.")
```

```
    except ZeroDivisionError:
        print("0으로는 나눌 수 없습니다.")

main()
```

> 몇 명? 0
> 0으로는 나눌 수 없습니다.

앞으로 try 영역을 구성할 때 위의 예에서 보인 내용이, 어디까지 try 영역으로 묶을 것인지 판단하는 힌트가 되리라 믿는다.

14-5 예외 메시지 출력하기와 finally

예외가 발생해서 except 영역이 실행될 때, 파이썬은 예외 발생 원인에 대한 메시지를 전달한다. 그리고 그 메시지를 확인하고 싶다면 다음과 같이 하면 된다.

```
# div_expt3.py
def main():
    bread = 10        # 열 개의 빵
    try:
        people = int(input("몇 명? "))
        print("1인당 빵의 수: ", bread / people)
        print("맛있게 드세요.")
```

```
        except ValueError as msg:      # 변수 msg에 오류 메시지가 담긴다.
            print("입력이 잘못되었습니다.")
            print(msg)        # 오류 메시지 출력
        except ZeroDivisionError as msg:      # 변수 msg에 오류 메시지가 담긴다.
            print("0으로는 나눌 수 없습니다.")
            print(msg)          # 오류 메시지 출력

    main()
```

```
몇 명? 0
0으로는 나눌 수 없습니다.
division by zero
```

그리고 예외 발생 유무에 상관없이 try 영역으로 진입하면 무조건 실행해야 하는 내용이 있다면, 다음 예에서 보이듯이 except 영역에 이어서 finally 영역을 구성하면 된다. (except 영역 없이 finally 영역만 구성할 수도 있다.)

```
# div_expt4.py
def main():
    bread = 10      # 열 개의 빵
    try:
        people = int(input("몇 명? "))
        print("1인당 빵의 수: ", bread / people)
        print("맛있게 드세요.")
    except ValueError:
        print("입력이 잘못되었습니다.")
    finally:
        print("어쨌든 프로그램은 종료합니다.")

main()
```

```
몇 명? 0
어쨌든 프로그램은 종료합니다.
Traceback (most recent call last):
  File "div_expt4.py", line 15, in <module>
    main()
  File "div_expt4.py", line 8, in main
    print("1인당 빵의 수: ", bread / people)
ZeroDivisionError: division by zero
```

위의 실행 결과를 보면 try 영역 안에서 ZeroDivisionError 예외가 발생했고, 이 예외를 처리할 수 있는 except 영역은 존재하지 않는 상태이다. 따라서 그냥 프로그램이 종료되어야 하는데 이런 상황에서도 finally 영역은 실행되었음을 알 수 있다.

14-6 모든 예외 그냥 무시하기

모든 예외를 다 처리하는 except 영역을 만드는 방법은 없을까? 다음과 같이 하면 된다.

```
# ignore_expt.py
def main():
    bread = 10      # 열 개의 빵
    try:
        people = int(input("몇 명? "))
```

```
        print("1인당 빵의 수: ", bread / people)
        print("맛있게 드세요.")
    except:      # 이렇게 하면 모든 예외가 다 걸려든다.
        print("뭔지는 몰라도 예외가 발생했군요.")

  main()
```

몇 명? 글쎄요
뭔지는 몰라도 예외가 발생했군요.

위와 같이 모든 예외를 하나의 except 영역에서 처리하는 것은 모든 예외를 무시하는 것과 다름이 없다. 따라서 이렇게 코드를 작성하는 것이 좋은 것은 아니다. 하지만 가끔은 이것이 유용하게 사용되기도 한다. 그리고 더 격렬히 무시하고 싶다면(문자열 출력조차 하고 싶지 않다면), 다음과 같이 pass를 대신 써넣으면 된다.

```
    try:
        . . . .
    except:      # 이렇게 하면 모든 예외가 다 걸려든다.
        pass     # pass라고 써 놓으면 아무 일도 하지 않는 except 영역 만들어짐
```

이상으로 '윤성우의 열혈 파이썬: 기초편' 수업을 마치겠습니다. 여기까지 공부하며 따라오시느라 애쓰셨습니다. 즐거운 시간이셨기를 바랍니다.

INDEX

ㄱ	
객체	105, 227, 245
객체지향	223
거짓	122

ㄷ	
대입	21
대입 연산자	28
들여쓰기	34
디폴트 값	188
딕셔너리	208

ㄹ	
레인지	177
리스트	82, 104

ㅁ	
매개변수(parameter)	36, 186, 190
모듈(module)	194, 195
무한 루프	158
문자열	26, 95, 96

ㅂ	
반환 값	40
변수	24, 28
복합 대입 연산자	76
부울형	123
빌트인 모듈	203
빌트인 함수(built-in function)	203
빌트인(built-in)	203

ㅅ	
생성자	240
소괄호	77
소스코드(source code)	45
소스파일(source file)	45
소프트웨어 위기 (Software Crisis)	223
스트링	95
슬라이싱(slicing) 연산	84, 89, 97
실수	70

ㅇ	
연산자	73
예외	249
이스케이프 문자	117
이중 for 루프	163
인덱스 값	87
인덱싱(indexing) 연산	84, 97
인스턴스	231
인스턴스 메소드	231, 232
인스턴스 변수	231, 232

ㅈ	
작은따옴표	95
정수	70
전역변수	220
주석(commnet)	47
지역변수	220

ㅊ	
참	122

ㅋ	
커서	33
큰따옴표	95
클래스	227

키	208
키워드(keyword)	48

ㅌ	
튜플	168

ㅍ	
파이썬 인터프리터 프롬프트	16
파이썬 프롬프트	16

ㅎ	
함수	32, 184
함수의 정의(definition)	35
함수의 호출(call)	35

A	
acos	204
and	133, 144
append	106
as	200, 201, 258
asin	204
atan	204

B	
bool	123, 148
break	157
built-in	203
built-in function	203

C	
call	35
clear	106
commnet	47
constructor	240
continue	160
cos	204

count	106, 112, 172

D	
def	32
definition	35
degree	205
degrees(x)	204
del	120, 212

E	
e	204
end	80, 187
endswith	140, 142
eval	58, 60
except	251
exp(x)	204
extend	106

F	
fabs(x)	204
finally	258
find	116, 142
float	72, 74
for 루프	62, 99, 151, 216
from	197
False	122, 140

G	
global	222

I	
if문	124
if ~ elif ~ else	129
if ~ else	127
import	196, 202
in	142, 144, 214
index	106, 172
input	55
insert	106
int	72, 74
isalpha	140
isdigit	140
IDLE	15
IndexError	248

K	
key	208
keyword	48

L	
len	100, 104, 111, 172
list	178
log(x)	204
log10(x)	204
log2(x)	204
lower	112
lstrip	112

M	
main	49, 124
math	204

max	104, 111, 172
min	104, 111, 172
module	195

N	
not	133, 144
not in	142, 144, 214

O	
object	105
or	133, 144
OOP	223

P	
parameter	36
pass	82, 189, 190, 260
pi	204
pop	106
print	18, 80

R	
radian	205
radians(x)	204
range	65, 177, 180
remove	104, 106
replace	112

return	39
rfind	116, 142
rstrip	112

S	
self	228, 235
sep	187
sin	204
source code	45
source file	45
split	112
sqrt(x)	204
startswith	140, 142
strip	112
Software Crisis	223

T	
tan	204
try	251
tuple	178
type	72, 95
True	122, 140
TypeError	248

U	
upper	112

V	
value	208
variable	24
ValueError	251

W	
while 루프	151

Z	
ZeroDivisionError	249

기타	
〉	122, 131
〈	122, 131
=	21, 24, 28, 29
#	47
+	72, 84
−	72, 84
*	72, 84
**	72, 73, 84
/	72, 84
//	72, 84
%	72, 84
+=	76
−=	76
*=	76
〉=	131, 139
〈=	131, 139
==	131, 139, 213
!=	131, 139
[ ]	84

[:]	84, 89
\n	117
\t	117
\'	117
\"	117
__init__	240